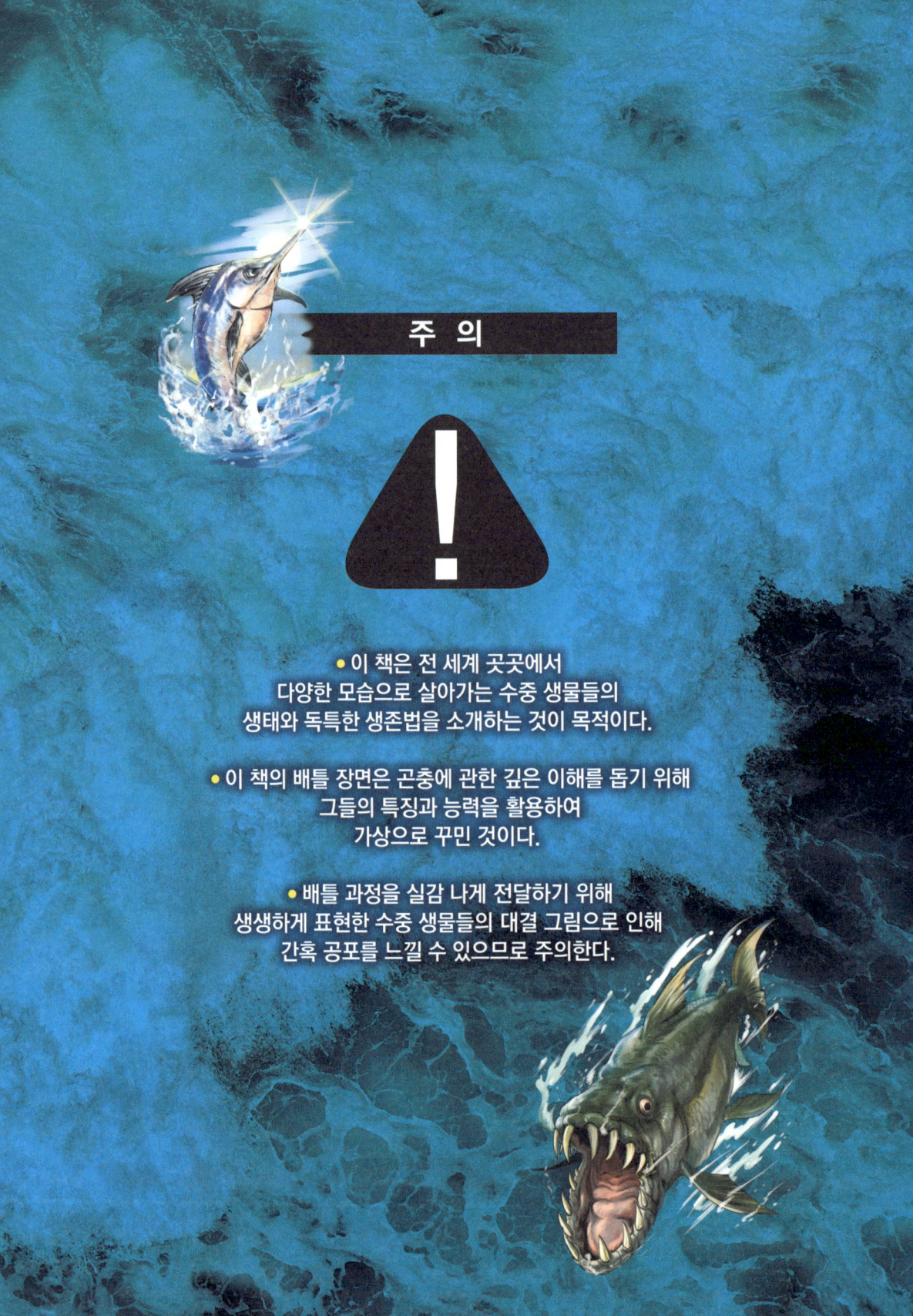

頂上決戦！水中危険生物 最強王決定戦
<CHOJO KESSEN! SUICHU KIKEN SEIBUTSU SAIKYOOU KETTEI SEN>
Copyright © STUDIO DUNK 2022
First published in Japan in 2022 by Seito-sha Co., Ltd.
Korean translation rights arranged with Seito-sha Co., Ltd.
through JM Contents Agency Co.
Korean edition copyright © 2024 by Glsongi Co., Ltd.

이 책의 한국어판 저작권은 JMCA를 통한 저작권자와의 독점 계약으로 ㈜글송이에 있습니다.
저작권법에 의하여 한국 내에서 보호를 받는 저작물이므로 무단 전재와 무단 복제를 금합니다.

일러스트 아이마 타로(ELOOP), 아오히토, icula, 괴인후쿠후쿠, 가와사키 사토시,
　　　　　나가이 케이타, 난바 키비, 하타파쿠, 마츠모토 에이토, 미야무라 나호
디자인 시바 사토시(STUDIO DUNK)
사진 제공 iStock/Getty Images, UNIPHOTO PRESS, PIXTA, photolibrary, photoAC
편집 협력 하시모토 마유(STUDIO DUNK)

2025년 3월 10일 초판 3쇄 펴냄

편저 · Creature Story　**옮김** · 고경옥
펴낸이 · 이성호　**펴낸곳** · (주)글송이
편집/디자인 · 이유미, 오영인, 임주용
마케팅 · 이성갑, 윤정명, 이현정, 문현곤, 이동준
경영지원 · 최진수, 이인석, 진승현

출판 등록 · 2012년 8월 8일 제 2012-000169호　**주소** · 서울시 서초구 능안말 1길 1(내곡동)
전화 · 578-1560~1　**팩스** · 578-1562　**이메일** · gsibook01@naver.com

ISBN 979-11-7018-652-6 74080
　　　979-11-7018-635-9 (세트)

*잘못 만들어진 책은 바꾸어 드립니다.

초위험 수중 생물 최강왕 결정전 개최

어떤 초위험 수중 생물이 참전했을까?

세계 곳곳에서 서식하고 있는 위험한 수중 생물들이 한자리에 모였다. 더불어 코모도왕도마뱀과 그린아나콘다 등 수중 생물은 아니지만, 물가에서 생활하는 생물도 참전했다.
수중 생물에는 힘이 센 생물, 빠르게 움직이는 생물, 맹독을 지닌 생물 등 그 종류도 다양하다. 또한 크기나 무게 등 각각 큰 차이가 있어서 그 능력만으로는 최강자를 가리기 어렵다. 그래서 본 대회에서는 각 해역에서 선발된 생물들로 팀 대항전을 치르며 지구 곳곳을 무대로 박진감 넘치는 배틀을 펼친다.

해역별로 나누어 팀 편성

팀은 8개의 해역으로 구성되며, 예외는 있지만 그 해역에 서식하는 4종으로 구성된다. 다만, 서식 지역이 넓은 경우에도 8개의 해역 어딘가에 소속되어 있다. 4종의 팀원은 체격과 특징 등 각각 독특한 개성을 지닌 수중 생물이 선정되었다. 팀에 따라 싸움 방식이 크게 달라지므로 적과의 조합이 승패를 좌우한다.
배틀 무대의 변화도 대회의 흥미로운 점이다. 물속, 심해, 늪, 급류 등의 무대에서 수중 생물이 어떻게 싸울지 눈을 뗄 수 없을 것이다.

결승 토너먼트 진출을 노려라!

대회는 예선 리그의 승패에 따라 얻는 승점을 따른다. 결승 토너먼트에 진출하는 것은 단 4팀뿐이다.
승점을 얻는 규칙은 아래 표와 같다. 팀은 총 8팀이며, 1그룹 4팀과 2그룹 4팀으로 나뉜다. 팀의 구성원은 4종의 수중 생물로 구성되며 시합은 세 번의 배틀로 승패를 결정한다. 어떤 시합에 어떤 수중 생물이 투입되는지가 승패를 가를 열쇠가 되며 다음 시합까지 생각하며 싸워야 한다. 결승 토너먼트에는 각 그룹의 상위 두 팀이 진출할 수 있다.

점수 획득 규칙

▶ **승리 → 승점 3점**
- 상대에게 타격을 입혀 전투 불가능 상태가 되었을 때
- 상대의 전투 의욕을 꺾고 항복시켰을 때

▶ **무승부 → 승점 1점**
- 서로 타격을 입어 양쪽 모두 전투 불가능 상태가 되었을 때
- 양쪽 모두 전투 의욕을 잃고 전투를 중단할 때

▶ **패배 → 승점 0점**
- 타격을 입어 전투 불가능 상태가 되었을 때
- 전투 의욕을 잃고 전투를 중단할 때

예선 리그

1그룹
- Ⓐ 남아메리카 팀
- Ⓒ 인도양 팀
- Ⓑ 북극·남극 팀
- Ⓓ 북아메리카 팀

2그룹
- Ⓔ 북유럽 팀
- Ⓖ 동북아시아 팀
- Ⓕ 오세아니아 팀
- Ⓗ 아프리카 팀

모두가 시합에 참가하며 점수로 순위를 정한다.

각 그룹의 상위 두 팀 결승 토너먼트 진출

결승 리그

준결승

제 1 시합
- 2그룹 1위
- VS
- 1그룹 2위
- ➜ P148

제 2 시합
- 1그룹 1위
- VS
- 2그룹 2위
- ➜ P154

세 번의 배틀이 벌어지며, 세 번째 시합은 2 대 2인 태그 매치로 치른다.

결승전 ➜ P168

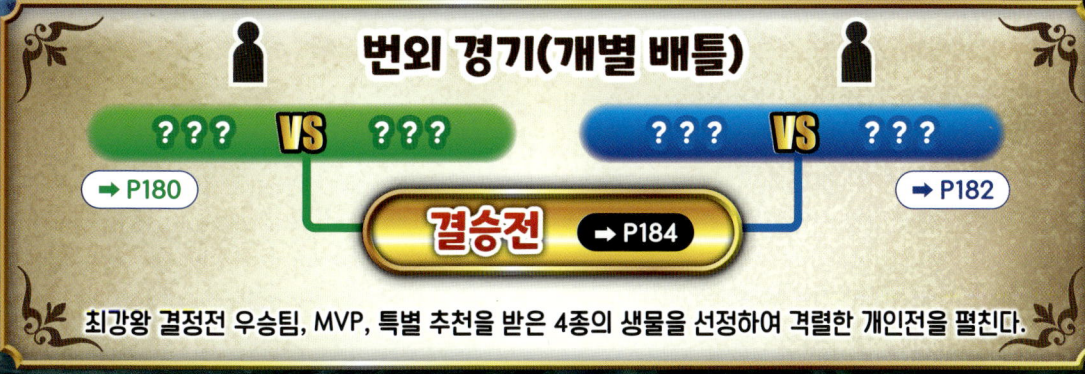

번외 경기(개별 배틀)

- ??? VS ??? ➜ P180
- ??? VS ??? ➜ P182

결승전 ➜ P184

최강왕 결정전 우승팀, MVP, 특별 추천을 받은 4종의 생물을 선정하여 격렬한 개인전을 펼친다.

출전팀 **1그룹**

 A 남아메리카 팀 → P14

나일악어	그린아나콘다	피라냐	전기뱀장어

→ P16	→ P17	→ P18	→ P19

 B 북극·남극 팀 → P20

북극곰	일각돌고래	바다코끼리	남부바위뛰기펭귄

→ P22	→ P23	→ P24	→ P25

C 인도양 팀 → P32

대왕오징어
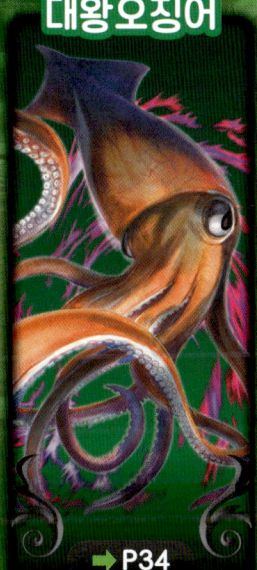
→ P34

만타가오리

→ P35

줄무늬바다뱀

→ P36

초롱아귀

→ P37

D 북아메리카 팀 → P38

백상아리

→ P40

문어

→ P41

비버

→ P42

엘리게이터 가아

→ P43

출전팀 2그룹

E 북유럽 팀
➡ P80

| 귀상어 | 얼룩매가오리 | 악어거북 | 왕털갯지렁이 |

➡ P82

➡ P83

➡ P84

➡ P85

F 오세아니아 팀
➡ P86

| 흑범고래 | 오리너구리 | 황새치 | 코모도왕도마뱀 |

➡ P88

➡ P89

➡ P90

➡ P91

G 동북아시아 팀 → P98

범고래

→ P100

베링 울프피시

→ P101

동갈치
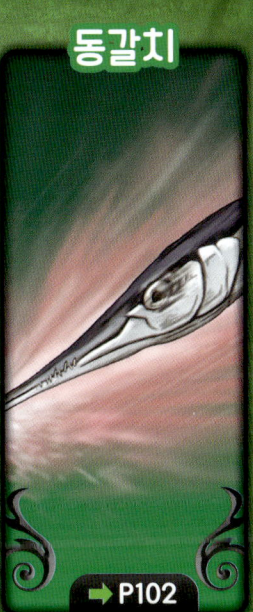
→ P102

키다리게

→ P103

H 아프리카 팀 → P104

하마

→ P106

음벵가

→ P107

쏠종개

→ P108

향유고래

→ P109

배틀의 6가지 규칙

1 연합으로 배틀 참전

같은 종류의 수중 생물이라면 동료끼리 협동할 수 있다. 다만 평소 생활에서 단독으로 행동하는 수중 생물은 연합할 수 없다. 다른 팀원이 참전하면 반칙패 처리한다.

2 승패의 판정

다시 일어서지 못하거나 시합을 포기하면 그 즉시 패배로 판정한다. 동료와 연합했을 때는 한 마리라도 일어서 있으면 동료가 쓰러져 있더라도 패배로 판정하지 않는다. 모습을 확인할 수 없을 때도 패배 처리된다.

3 무승부

배틀 시간은 무제한이며 심판이 경기를 중단하는 일은 없다. 양쪽 모두 시합을 진행할 수 없을 때나 시합을 포기했을 때는 무승부로 판정한다. 시합이 끝난 뒤에 독의 효력이 나타나더라도 판정이 번복되지 않는다.

4 부상은 회복한 뒤에 출전

수중 생물들이 제 실력을 충분히 발휘할 수 있도록 이전 전투에서 입은 부상은 모두 회복되는 것으로 한다. 독 공격을 받아 쓰러졌더라도 다음 시합에서는 이에 영향을 받지 않는다. 시합 중 체력 회복을 위해 잠시 몸을 피하는 것도 가능하다.

더 궁금한 수중 생물 이야기

맹독성 수중 생물 집중 탐구

전 세계 바다에 사는 맹독성 수중 생물의 생태와 독성을 소개한다.

심해 수중 생물의 생태 탐구

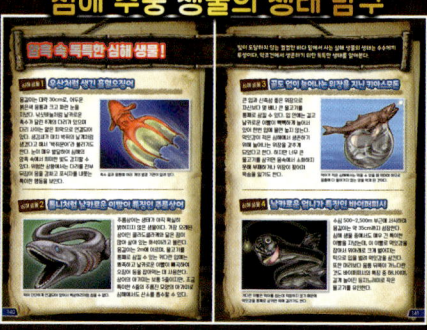

바다 깊숙한 곳에 사는 심해 생물의 생태와 독자적으로 발달한 특징을 소개한다.

5 배틀 장소

48번의 배틀은 각각 다른 장소에서 치러진다. 얕은 바다의 바위 지대나 바닷속, 심해, 수중 동굴 그리고 험한 바위가 있는 강이나 늪지대 같은 하천도 경기장이 된다.

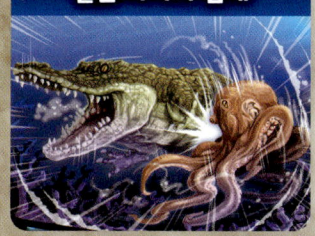

얕은 바다와 심해
산호초나 바위가 있는 얕은 바다, 시야가 어두운 심해에서는 배틀 중 이동이 제한된다.

얼음 위, 얼음덩어리가 떠 있는 바다
얼음이나 빙산에서는 수온이 내려가 움직임이 둔해지기 때문에 배틀 전개가 달라진다.

강과 폭포
강의 급류와 댐에서는 배틀 상황이 시시각각 달라지기 때문에 한 순간도 눈을 뗄 수 없다.

늪과 호수
진흙으로 가득 찬 늪과 나무가 우거진 호수에서는 경기장을 얼마나 효과적으로 사용하느냐에 따라 승패가 결정된다.

6 우승팀과 우승자의 명예

예선 리그 각 그룹의 상위 두 팀이 결승 토너먼트에 진출한다. 마지막까지 살아남은 팀에게 '수중 위험 생물 최강왕 결정전 우승'이라는 칭호와 함께 우승컵을 수여한다. 또한 개별 MVP와 개별 우승자도 결정한다.

결승 토너먼트 진출 규칙

① **승점** - 승점이 높은 상위 두 팀이 결승에 진출한다.
② **직접 대결** - 동점일 때는, 직접 대결했을 때 이긴 쪽이 결승에 진출한다.
③ **추첨** - 승점이 동점이고 직접 대결이 무승부일 때는 추첨으로 순위를 결정한다.

이 책의 본문 구성

출전 수중 생물 소개

- **능력치**
  4개의 능력을 5단계로 나타낸다.
  - ▶ 파워
    체력·힘의 세기
  - ▶ 방어
    적의 공격을 막거나 피하는 능력
  - ▶ 스피드
    동작의 빠르기·이동 속도
  - ▶ 기술
    특별한 공격 방법·다양한 전술

- **예선전을 치르는 그룹**

- **생물의 이름**

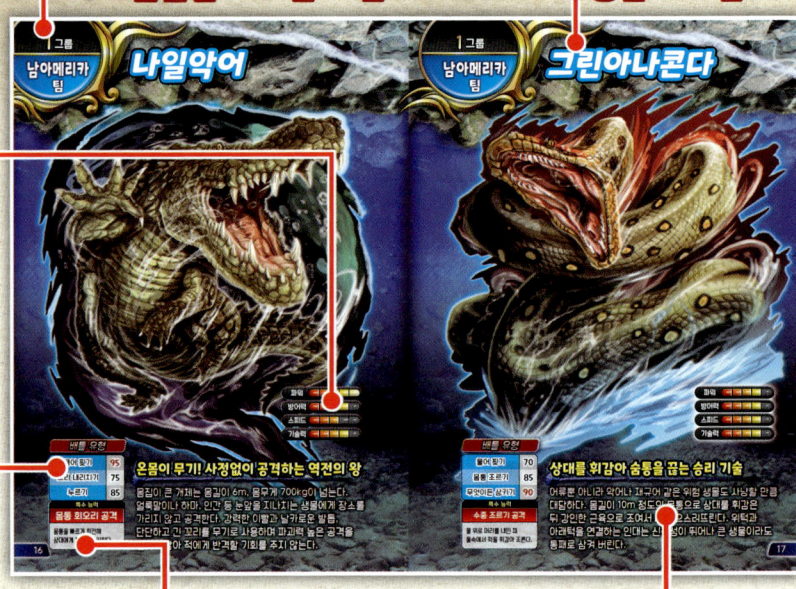

- **배틀 유형**
  주요 공격 기술.
  레벨은 0에서 100까지의 수치로 나타낸다.

- **특수 능력** 각 생물이 지닌 특수한 능력

- **생물에 대한 설명**

배틀 장면

- **배틀의 관전 포인트**

- **우승자**

- **예선 그룹**
  예선 팀과 시합 수가 표시된다.

- **배틀하는 생물 이름**

- **배틀 상황 설명**

- **수중 생물의 생태 설명**

- **예선 리그 결과표**
  이미 치러진 모든 시합의 결과를 나타낸다. 색칠된 숫자가 배틀에서 얻은 승점이다.

● : 승리 ➡ 3점 ▲ : 무승부 ➡ 1점 ✕ : 패배 ➡ 0점

예선 1 그룹 — 남아메리카 팀

**압도적인 공격력이 매력적인
최강 정글 군단!**

팀 정보

남아메리카 팀

팀별 해역

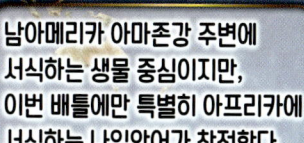

남아메리카 아마존강 주변에 서식하는 생물 중심이지만, 이번 배틀에만 특별히 아프리카에 서식하는 나일악어가 참전한다.

나일악어
몸길이	5~6m
몸무게	225~700kg
서식지	아프리카 대륙 전 지역

그린아나콘다
몸길이	6~9m
몸무게	220~230kg
서식지	아마존강 등

피라냐
몸길이	15~60cm
몸무게	0.3~0.6kg
서식지	아마존강 등

전기뱀장어
몸길이	2~2.5m
몸무게	10~20kg
서식지	아마존강 등

전투력 분석

 공격력
 방어력
 팀 전력

특징

특별히 선출된 공격력 최강인 나일악어를 중심으로 공격성이 강한 피라냐와 그린아나콘다 그리고 공격적이진 않지만 상대에게 강력한 전기 충격을 내뿜는 전기뱀장어로 구성된 집단이다.

나일악어

1 그룹 남아메리카 팀

- 파워
- 방어력
- 스피드
- 기술력

배틀 유형
물어 찢기	95
꼬리 내리치기	75
누르기	85

특수 능력
몸통 회오리 공격
몸통을 빠르게 회전해 상대에게 치명상을 입힌다.

온몸이 무기! 사정없이 공격하는 역전의 왕

몸집이 큰 개체는 몸길이 6m, 몸무게 700kg이 넘는다. 얼룩말이나 하마, 인간 등 눈앞을 지나치는 생물에게 장소를 가리지 않고 공격한다. 강력한 이빨과 날카로운 발톱, 단단하고 긴 꼬리를 무기로 사용하며 파괴력 높은 공격을 멈추지 않아 적에게 반격할 기회를 주지 않는다.

1그룹 남아메리카 팀

그린아나콘다

파워
방어력
스피드
기술력

배틀 유형

물어 찢기	70
몸통 조르기	85
무엇이든 삼키기	90

특수 능력
수중 조르기 공격
물 위로 머리를 내민 채 물속에서 적을 휘감아 조른다.

상대를 휘감아 숨통을 끊는 승리 기술

어류뿐 아니라 악어나 재규어 같은 위험 생물도 사냥할 만큼 대담하다. 몸길이 10m 정도의 몸통으로 상대를 휘감은 뒤 강인한 근육으로 조여서 뼈를 으스러뜨린다. 위턱과 아래턱을 연결하는 인대는 신축성이 뛰어나 큰 생물이라도 통째로 삼켜 버린다.

1 그룹 남아메리카 팀

피라냐

파워	
방어력	
스피드	
기술력	

배틀 유형
- 면도날 이빨 65
- 연합 공격 100
- 머리 공격(박치기) 55

특수 능력
피를 감지해 무차별 공격
피 냄새를 맡으면 난폭하게 변해 공격력이 높아진다.

두려움을 모르는 포악한 집단

겁이 많아 무리 지어 행동하지만, 피 냄새나 수면을 때리는 소리에 반응하여 난폭하게 돌변한다. 물속의 미세한 냄새를 포착해 먹잇감을 찾아낸 뒤 머리부터 돌진하여 면도날처럼 날카로운 이빨로 물어뜯는다. 한번 사나워지면 상대를 쓰러뜨릴 때까지 공격을 멈추지 않는다.

전기뱀장어

1 그룹 남아메리카 팀

파워 ▰▰▰▱▱
방어력 ▰▰▰▱▱
스피드 ▰▰▰▱▱
기술력 ▰▰▰▰▱

배틀 유형
수중 전기 충격	95
물 위 전기 충격	85
휘감기	65

특수 능력
전기 레이더
적의 약한 전류를 감지해 위치를 알아낸다.

다양한 전류 공격을 펼치는 파이터

몸속의 특수한 전기 기관에서 약 800V(볼트)의 전류를 내뿜을 수 있다. 전기 공격으로 적을 겁주고 때로는 기절시키기도 한다. 시력이 약한 대신, 약한 전류만으로도 상대방의 위치를 찾아낸다. 몸의 표면이 미끄러워서 적의 공격이 적중하기 어렵다.

북극·남극 팀

예선 1 그룹

철저한 방어와 빠른 공격으로 적에게 빈틈을
허락하지 않는 극한의 바다 전사들!

팀 정보

북극·남극 팀

팀별해역

북극과 남극의 추운 지역에 서식하는 생물로 구성된 팀이다. 추위에 강해 얼음 경기장에서는 평소보다 활발해진다.

북극곰

- 몸길이: 2~2.5m
- 몸무게: 410~720kg
- 서식지: 북극권

일각돌고래

- 몸길이: 4~6m
- 몸무게: 1500~1600kg
- 서식지: 북극권

바다코끼리

- 몸길이: 2~3.5m
- 몸무게: 1~1.5t
- 서식지: 북극권

남부바위뛰기펭귄

- 몸길이: 40~60cm
- 몸무게: 2~4kg
- 서식지: 남극, 인도양 등

전투력 분석

공격력 	방어력 	팀 전력 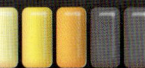

 특징

공격력·방어력 모두 최고인 북극곰을 중심으로 긴 엄니와 발톱을 지닌 바다코끼리, 일각돌고래가 뭉쳤다. 재빠른 공격으로 적을 혼란하게 하는 남부바위뛰기펭귄까지 모여 다채로운 공격으로 상대에게 타격을 준다.

일각돌고래

1 그룹 북극·남극 팀

배틀 유형	
드릴 돌진	95
뿔 공격	90
심해 잠수	??

특수 능력
외뿔 탐색
뾰족하게 뻗은 뿔로 주변 상황을 탐색한다.

파워 ▮▮▮▮▯
방어력 ▮▮▮▮▯
스피드 ▮▮▮▯▯
기술력 ▮▮▮▯▯

뾰족한 뿔로 적을 찌르는 바다의 검투사

'외뿔고래', '일각고래'라고도 한다. 겁이 많고 경계심이 강하지만, 10마리 정도의 무리를 지키기 위해 어류에게 덤벼든다. 긴 뿔은 이빨이 발달한 것으로, 적을 찌르거나 때려서 기절시키는 등 다양한 공격을 펼칠 수 있다. 수심 약 1,200m까지 잠수할 수 있다.

남부바위뛰기펭귄

1 그룹 북극·남극 팀

- 파워
- 방어력
- 스피드
- 기술력

배틀 유형
피르기	75
점프 공격	80
날개 후려치기	75

특수 능력
고속 점프
점프로 빠르게 돌아다니며 상대의 공격을 피한다.

싸움을 좋아하는 바다의 점프 달인

경계심이 매우 강해서 집 근처에 접근하는 것은 무엇이든 사정없이 공격하는 사나운 성격을 지녔다. 털을 곤두세워 노려보고 부리로 쪼아 날개로 후려치는 것이 공격 패턴이다. 파도의 힘을 이용해 바위로 뛰어오르는 숙련된 점프 기술로 배틀의 주도권을 쥐고 흔든다.

인도양 팀

예선 그룹 1

다채로운 공격과 수비 패턴이
균형 잡힌 팀!

팀 정보

인도양 팀

팀별해역

바람의 영향을 받기 쉬운 인도양 부근 바다에 서식하는 생물로, 미지의 존재인 대왕오징어도 참전한다.

대왕오징어

- 몸길이: 10~18m
- 몸무게: 200~1000kg
- 서식지: 인도양, 태평양 등

만타가오리

- 몸길이: 4~5m
- 몸무게: 300~400kg
- 서식지: 인도양, 태평양 등

줄무늬바다뱀

- 몸길이: 80~150cm
- 몸무게: 측정 불가
- 서식지: 인도양, 태평양 등

초롱아귀

- 몸길이: 20~100cm
- 몸무게: 20~50kg
- 서식지: 인도양, 태평양 등

전투력 분석
- 공격력
- 방어력
- 팀 전력

특징

강력한 촉수가 무기인 대왕오징어를 중심으로 커다란 몸집을 뽐내며 적에게 돌진하는 만타가오리와 맹독을 가진 줄무늬바다뱀, 어둠 속에서 공격하는 초롱아귀가 모여 다양한 기술로 공격한다.

만타가오리

1 그룹 인도양 팀

파워 ■■■□
방어력 ■■■■
스피드 ■■■□
기술력 ■■■□

배틀 유형
점프로 깔아뭉개기	85
가시 공격	60
날개 후려치기	85

특수 능력
거대화
지느러미를 펼치면 몸집이 거대해 보여 적이 겁을 먹는다.

전광석화처럼 물속을 누비는 바다의 괴조

가로 폭이 최대 8m나 되는 거대한 몸집으로 우아하게 헤엄친다. 큰 체격에 어울리지 않게 먹이는 플랑크톤이다. 거대한 몸집 때문에 생물 대부분이 가까이 다가가지 않지만, 덤벼드는 상대는 꼬리의 가시로 물리친다. 수면에서 2m 가까이 뛰어오를 수 있을 정도로 신체 능력이 뛰어나다.

줄무늬바다뱀

1 그룹 / 인도양 팀

| 파워 | 방어력 | 스피드 | 기술력 |

배틀 유형
- 맹독성 엄니 100
- 휘감기 70
- 통째로 삼키기 75

특수 능력
- 위장술

바위로 위장해 있다가 적이 나타나면 갑자기 공격한다.

뒤에서 갑자기 덮치는 물속의 암살자

바위에 몸을 숨겼다가 사정거리에 적이 들어오면 엄청난 스피드로 달려든다. 또한 몸집이 거대한 적을 맞닥뜨려도 이빨로 신경독을 주입해 단번에 목숨을 끊어 버린다. 입을 크게 벌릴 수 있어서 곰치와 같은 중형 생물 정도는 한입에 꿀꺽 삼킨다. 움직임이 활발해지는 밤에 특히 위험하다.

팀 정보

팀별 해역

북아메리카 팀

여름은 건조하고 더우며 겨울은 비가 많은 해역 주변에 서식하는 생물로 구성되었다. 거의 전 해역에 서식하는 백상아리는 이 팀으로 참전한다.

백상아리

- 몸길이: 4.6~6m
- 몸무게: 300~700kg
- 서식지: 태평양, 대서양 등

문어

- 몸길이: 30~100cm
- 몸무게: 3~10kg
- 서식지: 태평양, 대서양 등

비버

- 몸길이: 80~120cm
- 몸무게: 20~30kg
- 서식지: 태평양, 대서양 등

엘리게이터 가아

- 몸길이: 2~3m
- 몸무게: 100~140kg
- 서식지: 북아메리카 주변

전투력 분석

공격력	방어력	팀 전력

특징: 공격력이 뛰어난 백상아리와 적을 마비시키는 독을 지닌 문어, 손재주가 비상한 비버와 단단한 몸통을 가진 엘리게이터 가아가 모였다. 공격과 방어가 모두 가능한 만능 팀원으로 우승을 노린다.

백상아리

1 그룹 북아메리카 팀

- 파워
- 방어력
- 스피드
- 기술력

배틀 유형
- 톱니 이빨 공격 95
- 고속 돌진 85
- 물속 점프 90

특수 능력
- 데스 헌터
적에게 발생하는 미량의 전류를 감지해 적을 뒤쫓는다.

현란한 몸짓으로 공격해 단번에 낚아채는 사냥꾼

엄청난 스피드와 빠른 방향 전환, 몸 전체가 수면 위로 튀어나올 정도의 높은 점프력 등 신체 능력이 뛰어나다. 가장 위협적인 것은 300개가 넘는 날카로운 이빨로, 적을 입에 문 채로 헤엄쳐 그대로 숨통을 끊어 놓는다. 학습 능력이 뛰어나며 피 냄새를 맡으면 난폭해진다.

문어

1 그룹 북아메리카 팀

- 파워
- 방어력
- 스피드
- 기술력

배틀 유형

조르기	88
먹물 쏘기	80
독 공격	90

특수 능력
신비한 몸통
잘려 나간 팔다리도 움직일 수 있다.

기다란 다리로 상대를 제압하는 바다의 두뇌왕

8개의 긴 다리로 적을 휘감거나 빨판으로 달라붙어 근접전을 유도한다. 머리와 다리 사이에 뇌가 있으며 매우 영리한 8개의 다리가 각각 움직이기 때문에 상대가 예측하기 어렵다. 다리는 독립적이어서 잘려도 움직일 수 있다. 단단한 부리로 물어 독을 주입하여 적을 마비시키기도 한다.

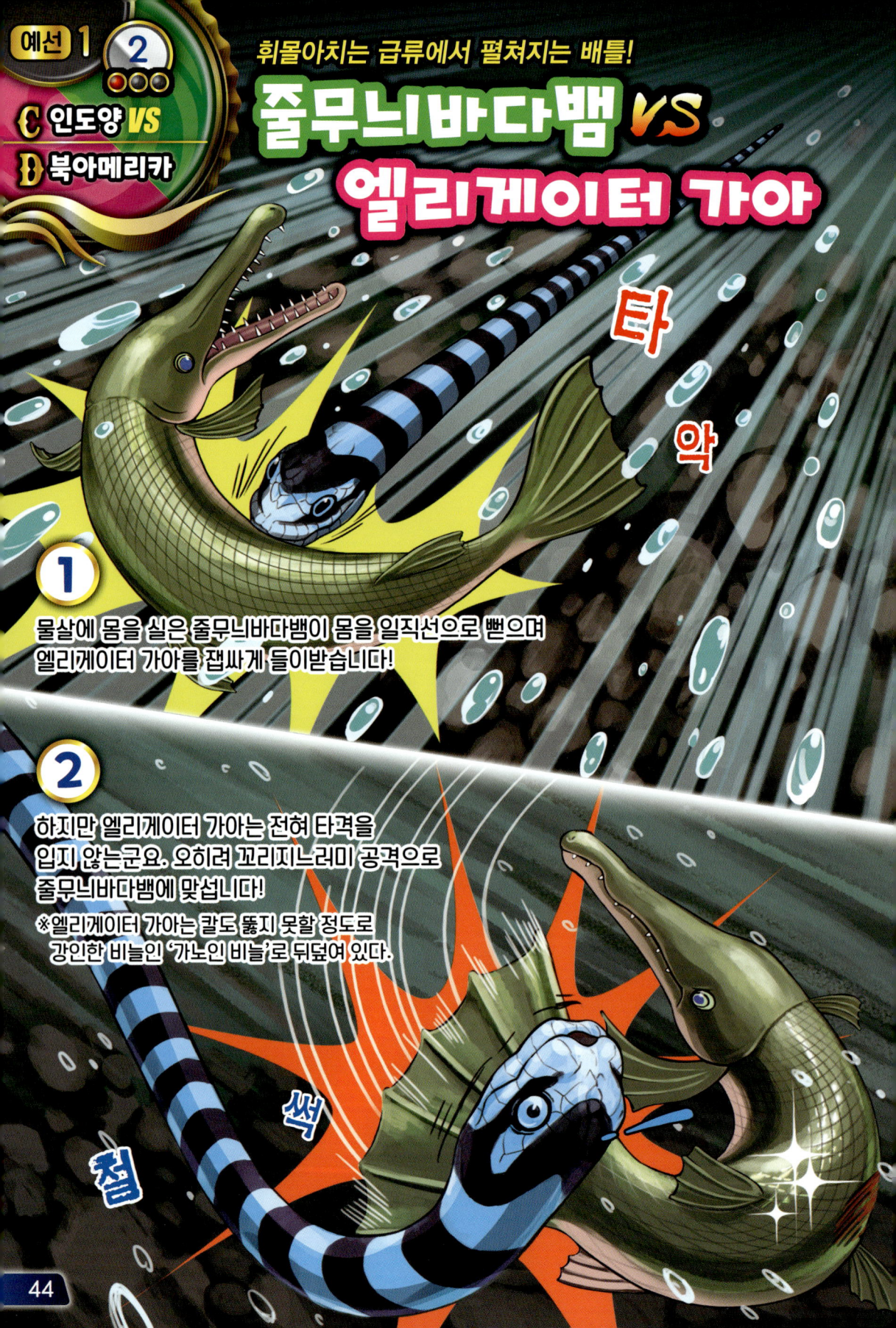

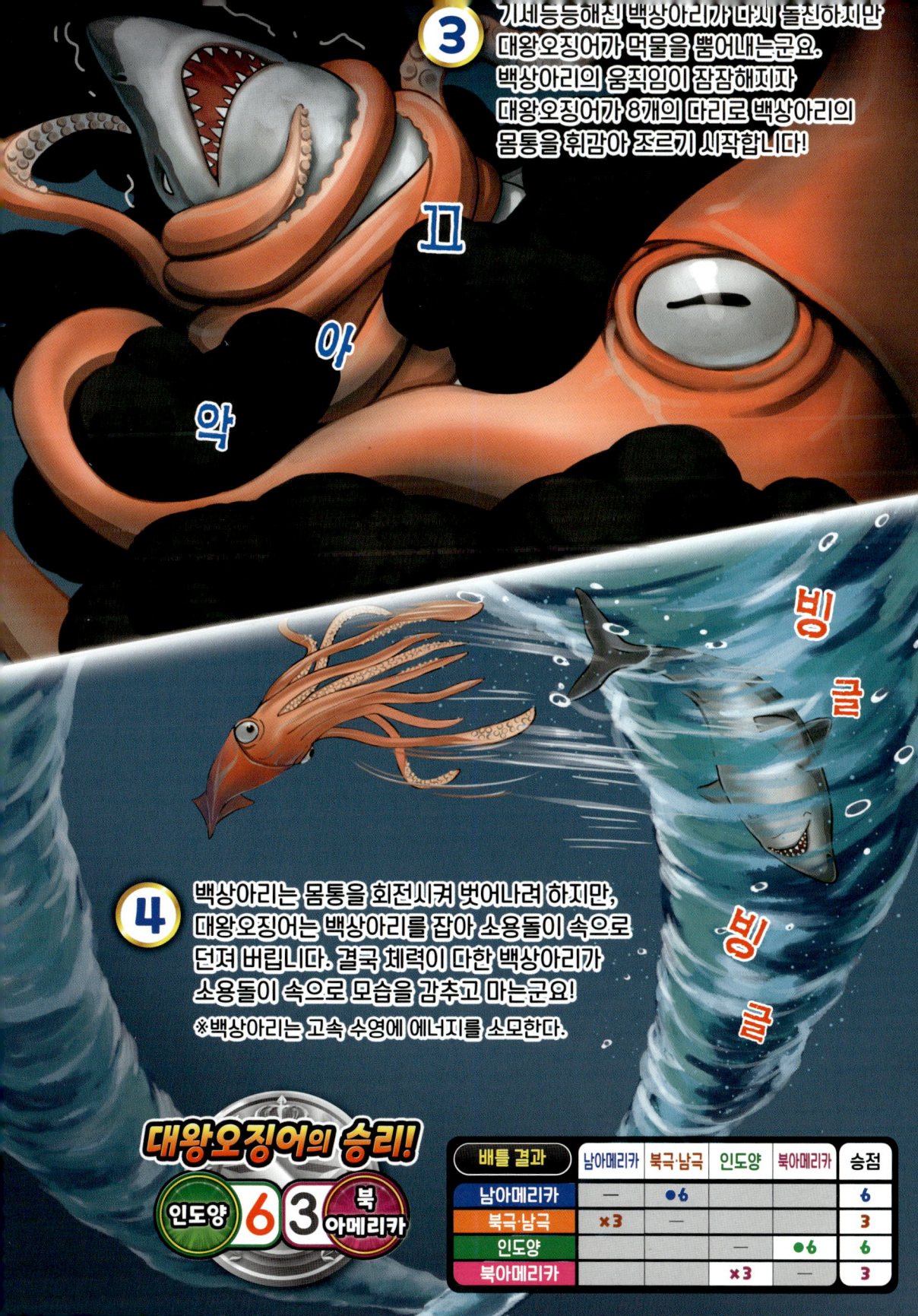

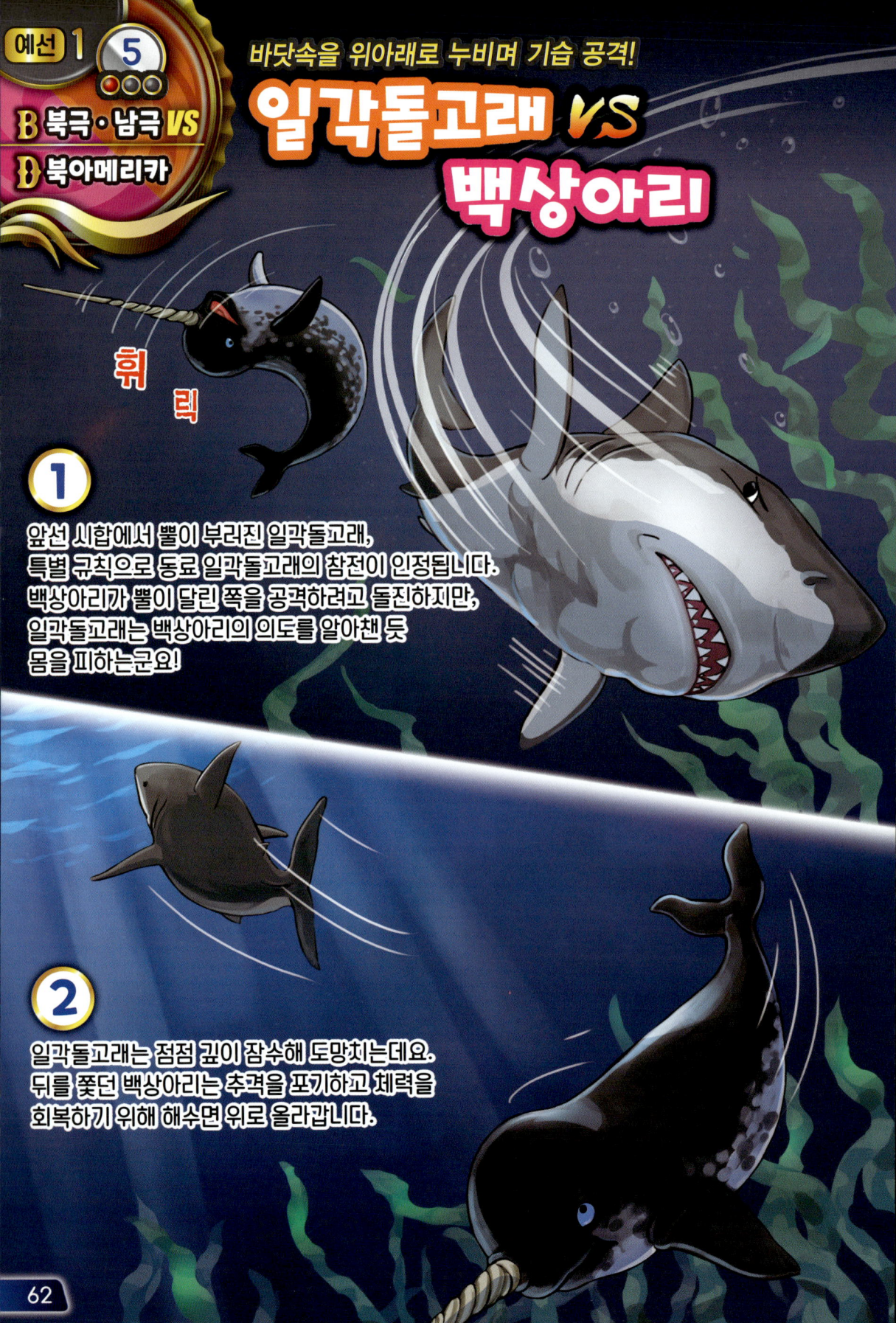

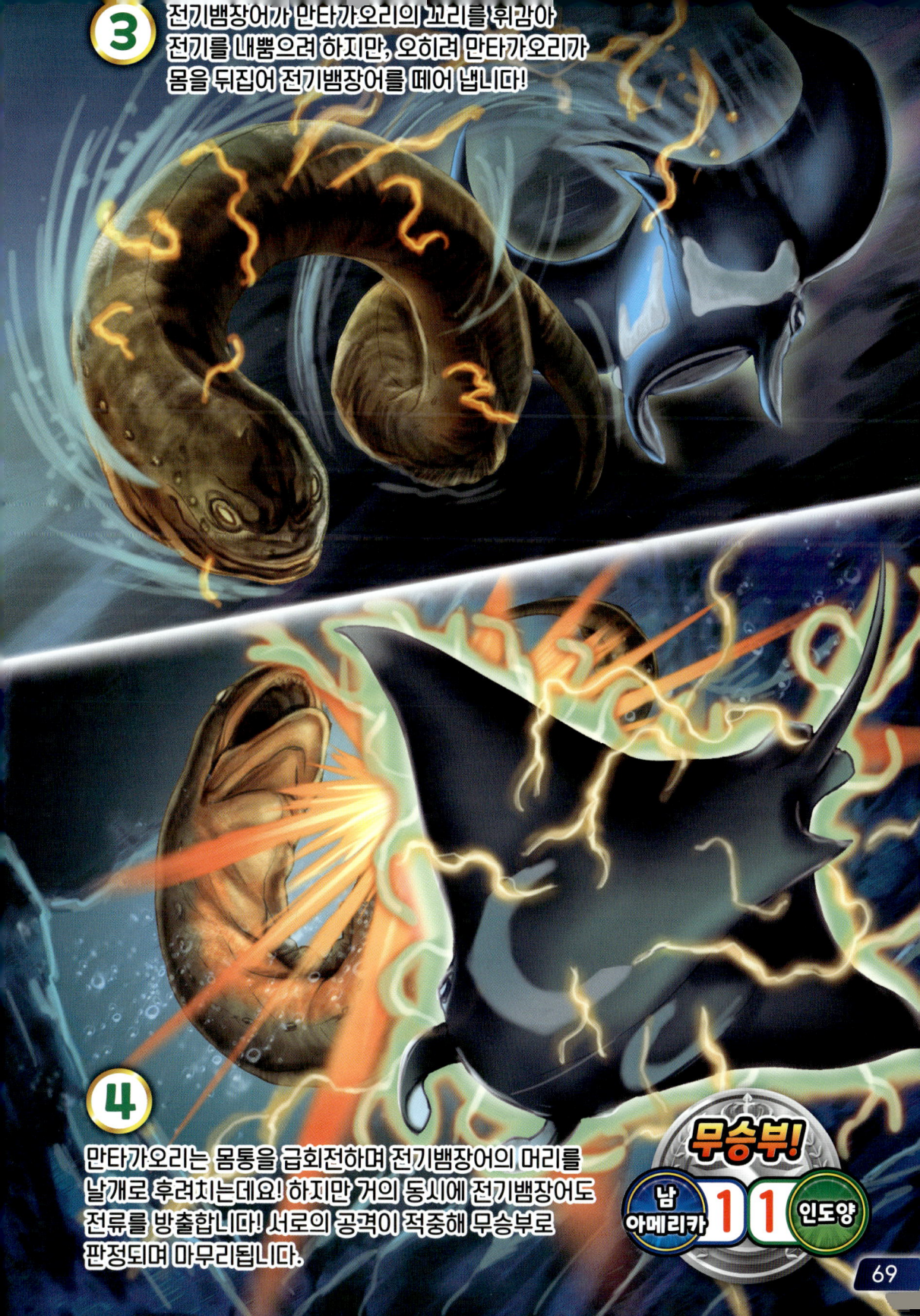

맹독을 지닌 초위험 바다 생물!

맹독 생물 1 상자해파리

열대에서 아열대 해역에 서식한다. 몸통이 투명해서 자세히 보지 않으면 알아챌 수 없다는 점이 가장 위험하다. 움직임이 느린 보통의 해파리와는 달리, 상자해파리는 유영 능력이 매우 뛰어나다. 위험을 감지하면 촉수에 달린 자포(독을 쏘는 세포가 들어 있는 기관)에서 독침을 쏜다. 반시뱀의 독성보다 몇 배는 더 위력이 강해서 호흡 정지나 심정지에 이를 수 있는 강력한 맹독이다.

투명해서 알아채지 못하는 사이 쏘이는 일이 많다.

맹독 생물 2 가시관불가사리

태평양에서 인도양에 걸친 따뜻한 바다의 산호초에 서식한다. 보통 불가사리는 움직임이 많지 않지만, 가시관불가사리는 이동 능력이 뛰어나 하루에 70cm를 헤엄쳐 이동한다. 몸통의 유연성이 뛰어나 좁은 틈새로 들어가 숨기도 한다. 몸통의 뒷면은 길이 2~4cm의 맹독성 가시로 뒤덮여 있어서 다른 생물의 공격을 받는 일은 거의 없다. 한 마리가 산호초를 다 먹어 치울 정도로 식욕이 왕성하다.

맹독성 가시로 온몸이 뒤덮여 대적할 상대가 없다.

몸집이 작아서 위험해 보이지 않지만, 때때로 인간을 위협하는 생물이다.
이 중에는 죽음을 부르는 맹독성 생물도 있으니 주의가 필요하다.

맹독 생물 3 파란고리문어

태평양에서 오스트레일리아에 걸친 따뜻한 바다에 서식하며 암초와 산호초에서 생활하는 것을 좋아한다. 흡반이 작으며 보통의 문어처럼 먹물을 지니지는 않았지만, 타액에는 죽음에 이르게 하는 맹독이 있어서 '살인 문어'라 불리기도 한다. 다른 문어와 비교해 수영이 능숙하지 않다. 보통은 몸통의 색을 바꿔 주변 바위나 해초로 위장하고 있지만, 자극을 받으면 색이 변하는 특수한 성질을 가지고 있다.

문어 중에서는 매우 작은 편이지만, 그 몸에는 치명적인 맹독이 있어서 함부로 만지면 목숨을 잃을 수도 있다.

맹독 생물 4 가시왕관성게

태평양 연안과 인도양에 주로 서식한다. 긴 가시가 특징인 성게의 일종으로 빛을 싫어하고 어두운 곳을 좋아한다. 가시에 독이 있고 매우 약해서 찔리면 금세 부러지지만, 가시의 날이 톱니처럼 생겨서 몸속에 박히면 잘 빠지지 않는다. 가시에 찔리면 강한 통증과 함께 심하게 부어오른다. 최악의 경우, 손발 근육이 마비되거나 호흡 곤란을 일으키기도 한다.

한번 박히면 좀처럼 빠지지 않는 모양으로 되어 있다.

맹독을 지닌 초위험 바다 생물!

맹독 생물 5 　작은부레관해파리

전 세계의 온난한 바다에서 발견된다. 해파리처럼 보이지만, 사실 다수의 히드로충이 모여서 만들어진 생물이다. 부레처럼 투명한 몸에서 뻗어 나온 여러 개의 촉수에 찔리면 전기 충격을 받은 것처럼 찌릿찌릿한 날카로운 통증을 유발하고 붉게 부풀어 오른다. 독의 효력이 전기해파리와 비슷하여 해파리의 일종으로 취급한다. 작은부레관해파리에게 두 번 쏘이면 아나필락시스 쇼크를 일으켜 목숨이 위태로워질 정도로 위험한 독성을 지녔다.

독에 두 번 쏘이면 치명적이며 죽은 후에도 독이 남아 있어 위험하다.

맹독 생물 6 　스톤피시

태평양과 인도양의 얕은 산호초 지역에 서식한다. 등지느러미에는 13개의 강력한 독을 분비하는 가시가 있는데, 이 가시로 독을 주입한다. 독의 위력은 반시뱀의 30배에 달한다고 알려져 있다. 인간이 사망하거나 중증에 이를 정도로 매우 위험한 생물이다. 생김새가 바위와 똑같아서 주변 바위에 섞여 있으면 헷갈려서 실수로 밟고 지나가는 일이 많다. 또한 생명력이 매우 강하여 물 밖으로 건져 올려 두어도 24시간은 살아 있다고 한다.

완벽하게 바위로 위장한 스톤피시를 구별하는 것은 불가능하다.

맹독 생물 7 대보초청자고둥

열대 지방에 많이 서식하며 낮에는 산호초 근처의 돌 아래에 숨어 있다. 독샘이 달린 날카로운 작살 모양의 독침을 지녔다. 대보초청자고둥의 독은 매우 강력하며 코브라의 약 30배 이상의 위력을 지녔다. 독침에 찔렸을 때 통증은 적지만, 응급 처치를 하지 않으면 어지러움, 호흡 곤란 등의 증상이 나타나며 최악의 상황에는 몇 시간 만에 죽음에 이른다.
일본에서는 식용하기 위해 대보초청자고둥을 잡은 다이버가 적어도 30명 이상 목숨을 잃었다고 한다.

무늬가 아름다워 손을 뻗었다가는 위험에 빠지고 만다.

맹독 생물 8 쏠배감펭

서부 태평양과 인도양의 온대 및 열대 해역의 얕은 물에서 조금 깊어지는 암초 지역에 서식한다. 무리를 이루지 않고 단독 행동을 좋아한다. 쏠배감펭의 화려한 겉모습은 적을 위협하거나 몸을 숨기기 위한 보호색의 역할을 한다. 쏠배감펭의 등지느러미, 꼬리지느러미, 가슴지느러미에는 강력한 독이 있어서 찔리면 엄청난 통증과 구토, 호흡 곤란 등의 증상이 일어나며 최악에는 사망에 이르기도 한다. 위험한 쏠배감펭이지만, 식용으로 이용되는 고급 어종이며 관상용으로도 인기가 많다.

선명한 붉은색 몸통은 암초나 해초로 위장하기 쉬워 구분하기 어렵다.

결과 발표

결승 토너먼트 진출!

1위 남아메리카 팀 — 승점 **14**

2위 북극·남극 팀 — 승점 **13**

예선 탈락

3위 인도양 팀 — 승점 **13**

4위 북아메리카 팀 — 승점 **11**

최종 결과

#			#			#		
1	남아메리카	북극·남극	2	인도양	북아메리카	3	남아메리카	북아메리카
	6	3		6	3		4	4
4	북극·남극	인도양	5	북극·남극	북아메리카	6	남아메리카	인도양
	6	3		4	4		4	4

관전 포인트

승점을 보면 모든 팀의 실력 차이가 거의 없는 승부였다. 최종적으로 결승 토너먼트 진출을 결정 지은 팀은 4승을 거둔 남아메리카 팀이다. 승점이 같은 북극·남극 팀과 인도양 팀은 대회 규칙에 따라 직접 대결에서 승리한 북극·남극 팀이 결승 토너먼트에 진출한다. 아쉽게도 예선에서 탈락한 인도양 팀은 대왕오징어의 패배가 치명적이었다. 북아메리카 팀은 백상아리의 진정한 전투력을 발휘하지 못해 탈락하고 말았다.

북유럽 팀

예선 2 그룹

강력한 한 방으로 적을 쓰러뜨릴
필살기를 가진 팀!

팀 정보

북유럽 팀

팀별 해역

유라시아 대륙에 둘러싸인 바다에 서식하는 생물 외에도 전 해역에 폭넓게 서식하는 귀상어 등이 북유럽 팀으로 참전한다.

귀상어
- 몸길이: 4~6m
- 몸무게: 230~450kg
- 서식지: 전 세계의 따뜻한 바다

얼룩매가오리

- 몸길이: 1~3m
- 몸무게: 50~100kg
- 서식지: 태평양, 인도양 등

악어거북

- 몸길이: 50~60cm
- 몸무게: 80~100kg
- 서식지: 북아메리카 전역

왕털갯지렁이

- 몸길이: 1~3m
- 몸무게: 측정 불가
- 서식지: 전 세계의 따뜻한 바다

전투력 분석

- 공격력
- 방어력
- 팀 전력

특징

최고의 공격력을 지닌 귀상어를 필두로 맹독을 지닌 얼룩매가오리와 철벽 방어를 자랑하는 악어거북, 전광석화처럼 빠르게 공격하는 왕털갯지렁이가 모인 위기를 극복할 수 있는 자력을 지닌 팀이다.

2 그룹 북유럽 팀

얼룩매가오리

- 파워
- 방어력
- 스피드
- 기술력

배틀 유형

독침 채찍	90
물어뜯기	85
모래 연막	70

특수 능력
모래 위장
모래 속으로 파고 들어가 숨을 죽이고 적의 빈틈을 노린다.

보이지 않는 곳에서 독침을 날리는 바다의 작은 악마

경계심이 강한 성격으로 위험을 감지하면 초스피드로 도망친다. 하지만 공격할 때는 조개껍데기를 씹어 버릴 정도로 강한 이빨과 턱으로 적을 찢어 버린다. 꼬리에 달린 독침은 어지러움, 호흡 곤란을 일으킬 정도로 독성이 강하여 위협적이다.

악어거북

2 그룹 북유럽 팀

- 파워
- 방어력
- 스피드
- 기술력

배틀 유형

물어 찢기	100
발톱 공격	85
등딱지 방어	85

특수 능력
후각 센서
발달한 후각으로 물속에서도 적의 냄새를 맡는다.

뛰어난 포식 능력을 갖춘 세계 최강 거북

등딱지의 길이 최대 80cm, 몸무게 약 113kg으로 담수에서 생활하는 대형 거북이다. 혀끝의 붉은 돌기로 먹잇감을 유인하여 사냥한다. 물의 흐름과 발달한 후각으로 적의 위치를 파악하며 강인한 턱으로 무는 힘은 500kg에 이른다. 적의 공격을 쉽게 철벽 방어하는 등딱지를 지녔다.

2 그룹 북유럽 팀

왕털갯지렁이

- 파워
- 방어력
- 스피드
- 기술력

배틀 유형
턱으로 절단	90
모래 연막	75
전광석화 공격	85

특수 능력
마취 독
상대를 물어서 움직이지 못하게 하는 독을 주입한다.

땅속에 숨어 한 방을 노리는 해저 사냥꾼

전 세계 따뜻한 바다에 서식한다. 3m의 거대한 몸을 바다 밑바닥에 숨기고 5개의 더듬이로 먹잇감을 찾아낸다. 날카로운 이빨이 최대 무기로, 엄청난 스피드로 돌진해 포획물을 두 동강 내 버린다. 게다가 물어뜯을 때 마취 독을 주입해 상대를 움직이지 못하게 만든다.

오세아니아 팀

자신만의 강력한 개성을 지닌 실력파 팀!

팀 정보

오세아니아 팀

팀별 해역

전 해역 서식 생물도 있지만, 오스트레일리아 인근에서 서식하는 생물로 팀을 편성했다. 코모도섬에 서식하는 코모도왕도마뱀도 참전한다.

흑범고래

몸길이	5~6m
몸무게	1.3~1.4t
서식지	대서양, 인도양 등

오리너구리

몸길이	50~60cm
몸무게	2~3kg
서식지	오스트레일리아 동부 등

황새치

몸길이	2~3m
몸무게	300~500kg
서식지	전 세계의 따뜻한 바다

코모도왕도마뱀

몸길이	2~3m
몸무게	90~100kg
서식지	인도네시아의 섬

전투력 분석

공격력  방어력  팀 전력

특징: 가장 큰 도마뱀인 코모도왕도마뱀과 뒷다리에 맹독성 발톱을 가진 오리너구리, 최고 속도가 90km인 황새치, 능력의 한계를 알 수 없는 흑범고래가 모였다. 베일에 싸인 전투력은 어떤 모습일까?

2 그룹 오세아니아 팀

흑범고래

| 파워 |
| 방어력 |
| 스피드 |
| 기술력 |

배틀 유형

메가톤급 박치기	100
물어뜯기	80
회오리 공격	95

특수 능력

음파 탐지기

음파의 반향(메아리)으로 상대방의 위치를 찾아낸다.

거대 생물도 때려눕히는 강력한 박치기

돌고래나 고래처럼 자신보다 큰 생물을 겁내지 않는 이유는 무적의 박치기 기술 때문이다. 거대한 머리로 들이받은 다음에는 거대한 이빨로 적을 물어뜯는다. 게다가 위험을 감지하는 능력이 뛰어난데, 음파의 반향으로 시야가 어두운 물속에서도 적의 위치나 상태를 파악할 수 있다.

오리너구리

2 그룹 오세아니아 팀

파워 ■■■□
방어력 ■■■□
스피드 ■■■■
기술력 ■■■■

배틀 유형
칼날 꼬리	85
몸통 들이받기	65
발톱으로 후려치기	90

특수 능력
비밀의 독 발톱
뒷다리에 숨긴 독 발톱으로 치명상을 입힌다.

뒷다리에 맹독을 숨긴 매력적인 사냥꾼

개 정도의 중형 생물을 쓰러뜨릴 만큼 강력한 독을 뒷다리에 감추고 있다. 꼬리와 날카로운 발톱으로 공격하며 부리에 있는 4만여 개의 전기 감각 기관으로 상대방이 내뿜는 생체 전류를 민감하게 읽어서 상대방의 위치를 바로 알아낸다. 수륙 양생으로 전투 범위도 넓다.

2 그룹 오세아니아 팀

코모도왕도마뱀

- 파워
- 방어력
- 스피드
- 기술력

배틀 유형

독 엄니	95
발톱 갈퀴 공격	80
꼬리 채찍	85

특수 능력
이중 방어

튼튼한 근육 위를 단단한 비늘로 덮어 철벽 방어한다.

'살아 있는 공룡'이라 불리는 수륙 양생 파충류

서식지인 인도네시아 코모도섬에는 천적이 없다. 빠른 발과 나무에 오르는 기술, 물속에서도 헤엄칠 수 있는 신체 능력으로 다양한 전투가 가능하다. 거대한 몸집으로 상대를 덮쳐 발톱으로 찢거나 엄니로 물어뜯는 등 공격 기술도 다양하다. 독의 주입도 매우 위협적이다.

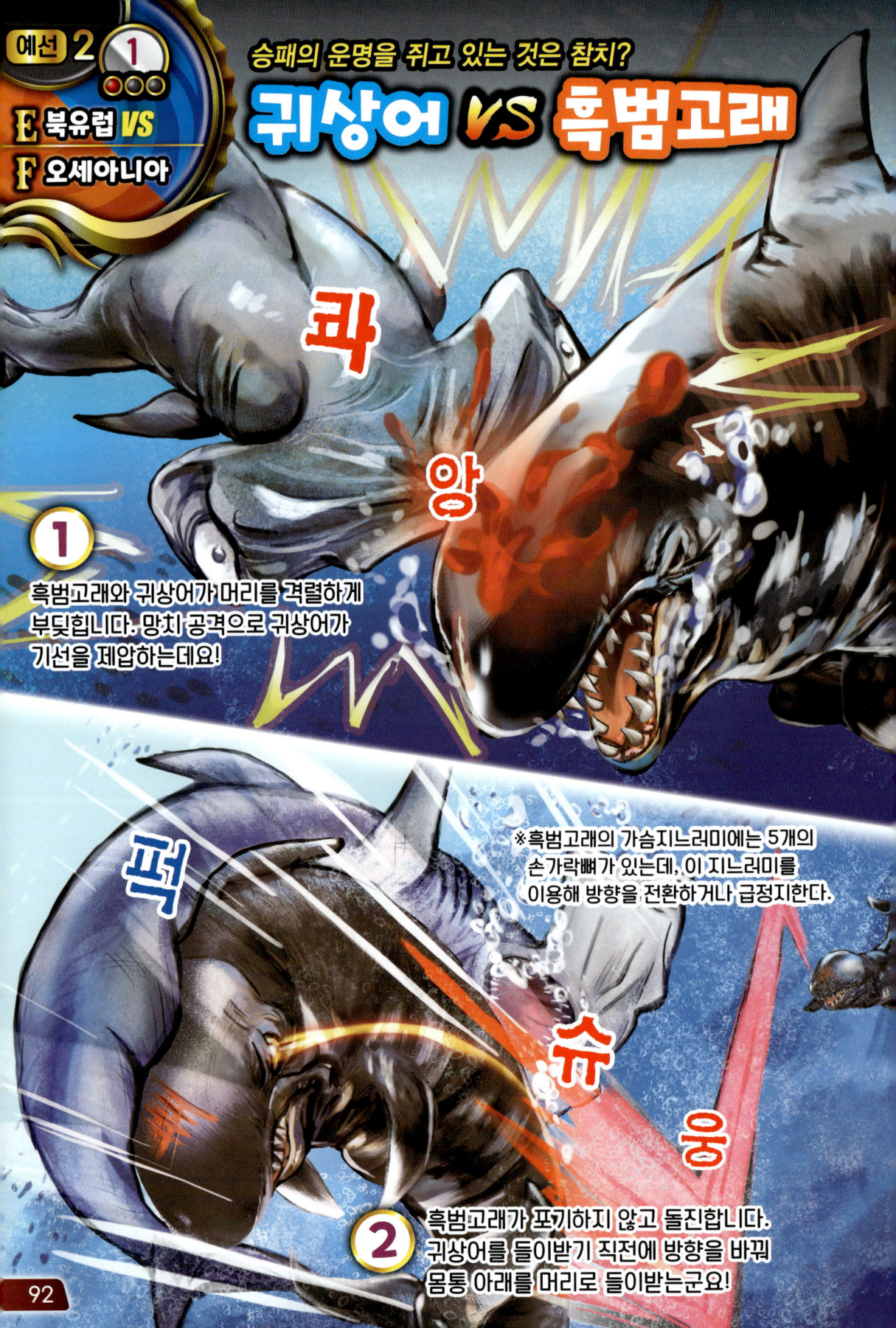

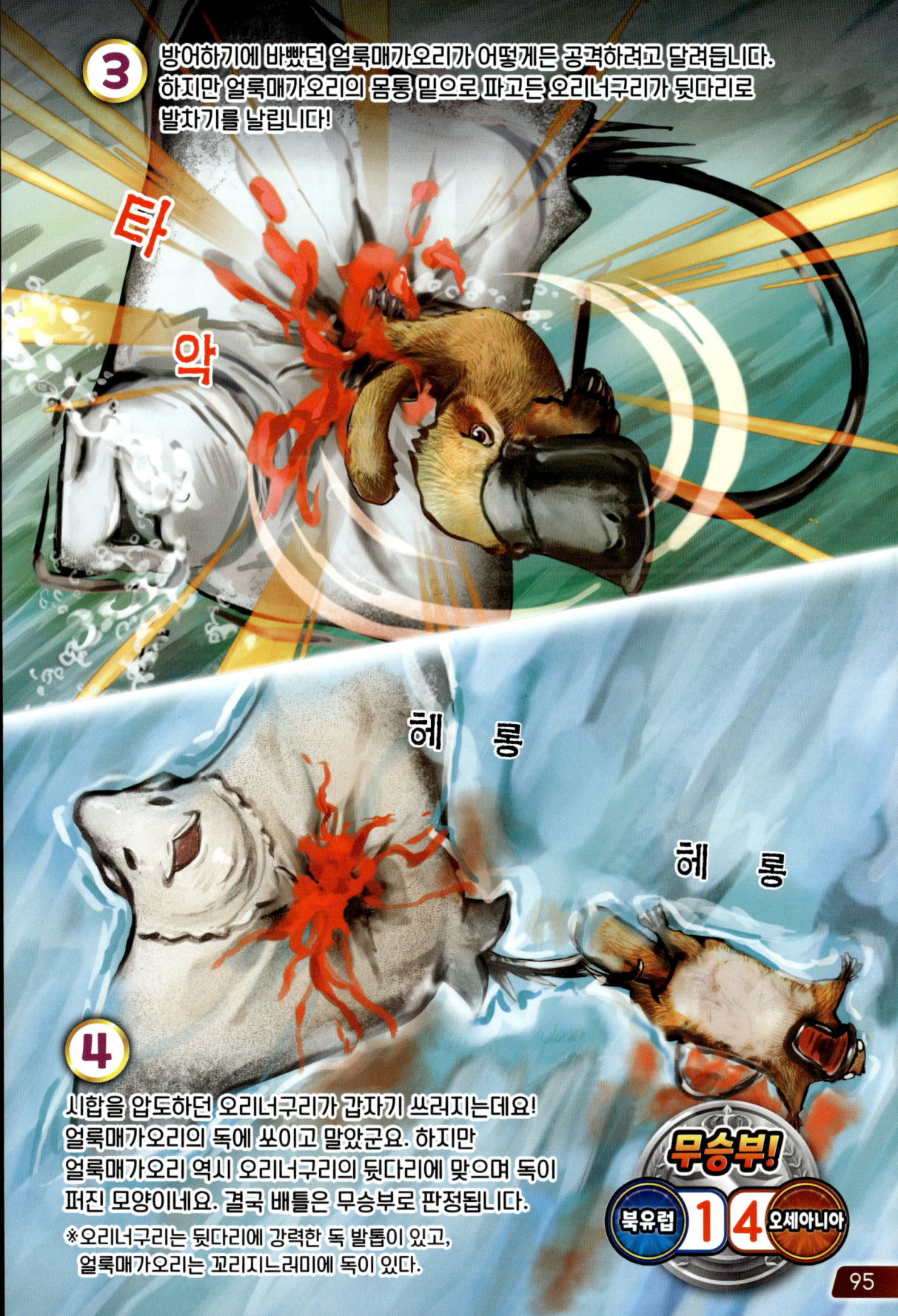

예선 2 그룹 — 동북아시아 팀

두뇌를 활용한 전술로 승리를 이끄는
똑똑한 두뇌 집단!

팀 정보

동북아시아 팀

팀별해역

동북아시아 주변 바다에 서식하는 생물로 구성되었다. 모르는 사람이 없는 수중 생물인 범고래가 동북아시아 팀에 참전한다.

범고래

- 몸길이: 7~10m
- 몸무게: 3~4t
- 서식지: 전 세계의 바다

베링 울프피시

- 몸길이: 1~2.5m
- 몸무게: 10~20kg
- 서식지: 태평양의 차가운 바다

키다리게

- 몸길이: 3~4m
- 몸무게: 10~20kg
- 서식지: 태평양

동갈치

- 몸길이: 80~100cm
- 몸무게: 2~3kg
- 서식지: 서태평양의 따뜻한 바다

전투력 분석

- 공격력: ■■■■□
- 방어력: ■■■□□
- 팀 전력: ■■□□□

특징

공격력과 스피드, 두뇌까지 모든 면에서 뛰어난 범고래를 중심으로 특이한 기술을 갖춘 베링 울프피시와 키다리게, 동갈치로 구성되었다. 교묘한 전술로 전세를 뒤집는 뛰어난 능력을 지녔다.

2 그룹 동북아시아 팀

범고래

배틀 유형	
엄니 공격	95
메가톤급 머리 공격	75
꼬리지느러미 공격	95

특수 능력
사냥 기술
학습 능력으로 적에게 알맞은 공격을 찾아낸다.

파워 / 방어력 / 스피드 / 기술력

육탄전에 뛰어난 바다 괴물

수심 약 1,000m까지 잠수할 수 있고 4m 이상 점프할 수 있다. 파도를 일으키며 엄청난 속도로 세계의 바다를 누빈다. 거대한 몸집으로 돌진해 적을 쓰러뜨리고 숨이 붙어 있으면 강력한 엄니로 숨통을 끊어 버린다. 또한 음파의 반향으로 상대의 위치를 알아내며 학습하는 지능을 지녔다.

2 그룹 동북아시아 팀

베링 울프피시

파워 ■■■□□
방어력 ■■■□□
스피드 ■■□□□
기술력 ■■■□□

배틀 유형

물어 찢기	90
통째로 삼키기	80
박치기	70

특수 능력
위장술
바위틈에 몸을 숨겨 상대의 공격을 방어한다.

커다란 입으로 집어삼키는 바다의 청소부

이름 그대로 늑대처럼 날카로운 엄니가 강력한 무기이다. 턱의 근육이 발달해 있고, 수많은 이빨로 조개나 게 등의 갑각류를 쉽게 씹어 으깰 수 있다. 관절이 유연해 입을 크게 벌릴 수 있으며 작은 생물은 한입에 꿀꺽 삼키기도 한다.

동갈치

2 그룹 동북아시아 팀

배틀 유형	
초스피드 공격	100
물어뜯기	45
동료 호출	??

특수 능력
빛 파워
빛을 보면 난폭해져서 공격력이 세진다.

파워
방어력
스피드
기술력

일직선으로 달려드는 특급 미사일 물고기

입 끝이 날카롭고 길쭉하며 몸통이 창처럼 일직선이다. 빛을 향해 시속 70km의 속도로 돌진할 만큼 빛에 민감하게 반응한다. 물 위로 튀어 올라온 동갈치에 찔려서 인간이 사망한 사건도 있었다. 동갈치 무리가 일제히 공격하기도 하는데, 그 위력이 어마어마하다.

아프리카 팀

예선 2 그룹

아프리카에서 단련한 강인한 신체로
적과 맞서다!

팀 정보

아프리카 팀

팀별 해역

기온이 높은 아프리카 주변 바다에서 서식하는 생물로 구성되었다. 전 세계에 널리 서식하는 향유고래는 아프리카 팀으로 참전한다.

하마

- 몸길이: 3~5m
- 몸무게: 1.5~4t
- 서식지: 아프리카 중부~남부

음벵가

- 몸길이: 1.5~2m
- 몸무게: 50~60kg
- 서식지: 아프리카 콩고강 주변

쏠종개

- 몸길이: 10~20cm
- 몸무게: 측정 불가
- 서식지: 태평양, 인도양 등

향유고래

- 몸길이: 15~18m
- 몸무게: 35~45t
- 서식지: 전 세계 바다

전투력 분석

 공격력
 방어력
 팀 전력

특징

공격을 튕겨 낼 정도로 강철 몸통인 하마를 중심으로 길고 뾰족한 이빨을 가진 음벵가, 몸이 독으로 뒤덮인 쏠종개, 음파로 공격하는 향유고래 등 체격 차이가 큰 이색적인 팀이다.

그룹 2 아프리카 팀

하마

파워 ▮▮▮▮▮▯
방어력 ▮▮▮▮▮▯
스피드 ▮▮▮▯▯▯
기술력 ▮▮▮▯▯▯

배틀 유형
이빨로 물어 으깨기	100
뒷발차기	80
메가톤급 공격	90

특수 능력
배설물 뿌리기
똥을 흩뿌려서 상대가 싸울 의욕을 잃게 만든다.

뼈까지 씹어 먹는 파괴력 최강자

거대한 입으로 물어뜯는 공격은 땅 위에서도, 물속에서도 강력하다. 4~5분 정도 잠수하며 바다에서도 헤엄칠 수 있다. 물속에서는 육지에서처럼 돌진할 수는 없지만, 두꺼운 몸통으로 모든 공격을 튕겨 낸다. 근접전으로 붙으면 물속이라도 대적할 상대가 존재하지 않는다.

그룹 2 아프리카 팀

음벵가

- 파워
- 방어력
- 스피드
- 기술력

배틀 유형
물어 찢기	95
꼬리지느러미 공격	85
몸통 들이받기	65

특수 능력
수면 위 점프
뛰어난 신체 능력을 이용해 수면 위로 높이 뛰어오른다.

날카로운 이빨로 적을 제압하는 오싹한 담수어

아프리카 콩고강 수역에서 서식하는 대형 담수어이다. 악어를 공격할 정도로 성격이 사나우며 입에 들어오는 것은 무엇이든 먹어 치운다. 신체 능력이 매우 뛰어나 물속에서 점프해 날아가는 새를 사냥할 수도 있다. 30개가 넘는 날카로운 이빨에 물어뜯기면 목숨을 장담할 수 없다.

쏠종개

그룹 2 아프리카 팀

| 파워 | 방어력 | 스피드 | 기술력 |

배틀 유형

독 공격	60
집단 돌진	80
집단 독 공격	100

특수 능력
집단 공격
수백 마리의 무리가 뭉쳐서 이동하며 싸운다.

거대하게 뭉친 맹독성 집단

무리 지어 행동하는 습성이 있다. 특히 유어일 때는 한 덩어리처럼 뭉쳐 커다란 적에게 덤빈다. 몸집은 작지만 등지느러미, 가슴지느러미, 꼬리지느러미에 독 가시가 있다. 집단으로 독 공격을 펼쳐 상대가 도망치지 못하게 차단한다. 단, 천적인 문어나 오징어에게는 독의 효력이 통하지 않는다.

그룹 2 아프리카 팀

향유고래

배틀 유형
물총 공격	85
통째로 삼키기	100
육탄 공격	95

특수 능력
초강력 음파 공격
초강력 음파로 멀리 떨어져 공격한다.

파워 ▮▮▮▮▯
방어력 ▮▮▮▮▯
스피드 ▮▮▯▯▯
기술력 ▮▮▮▯▯

원격으로 공격을 펼치는 음파 능력자

초강력 음파를 발사해 멀리 있는 적을 기절시키거나 마비시킬 수 있다. 근접전에서는 해수를 뿜어 상대를 날려 버리거나 꼬리지느러미로 내리치기, 날카로운 이빨로 물어뜯기 등 다채로운 공격을 펼친다. 수심 3,000m까지 잠수할 수 있으며 동료와 연합 작전을 짜기도 한다.

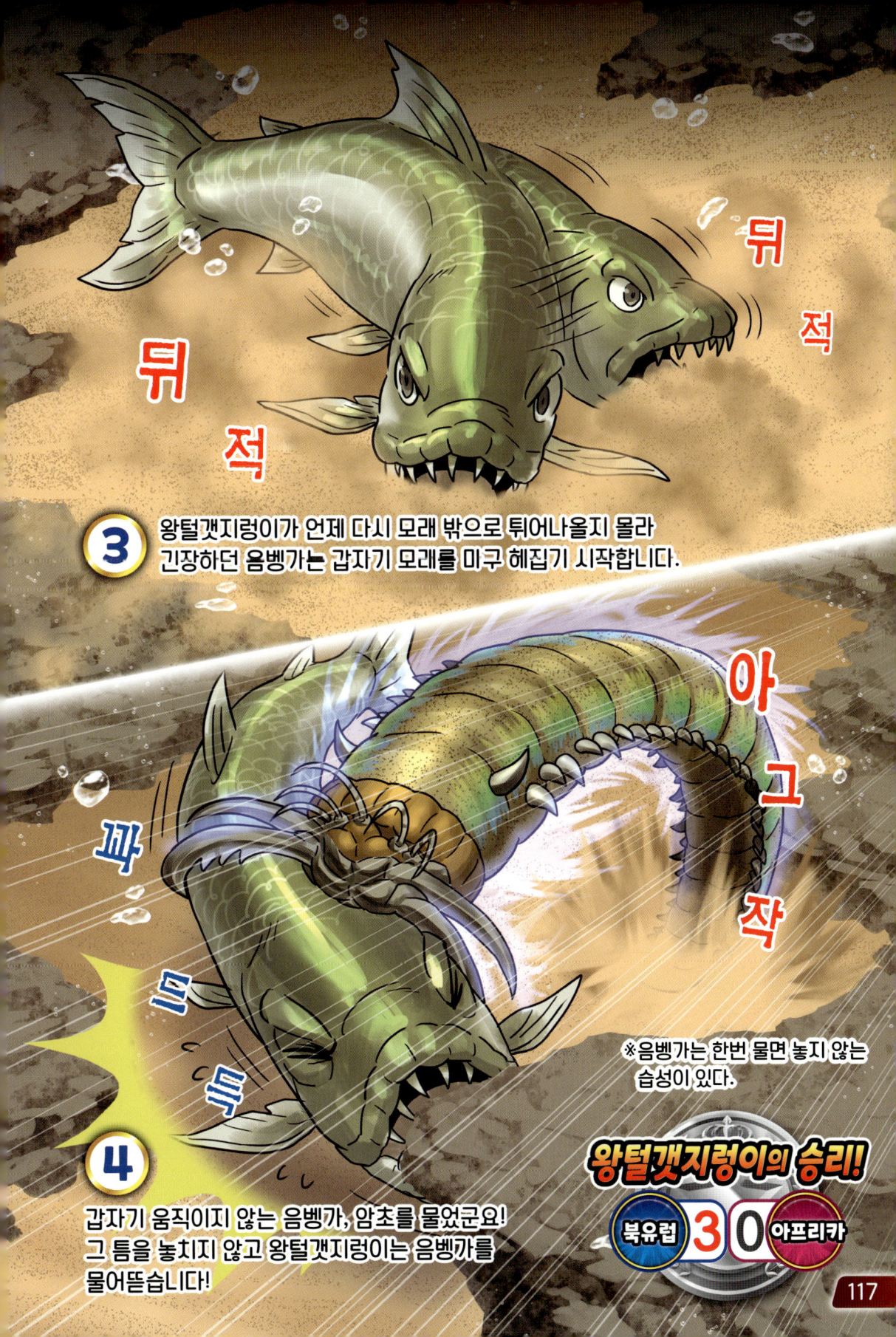

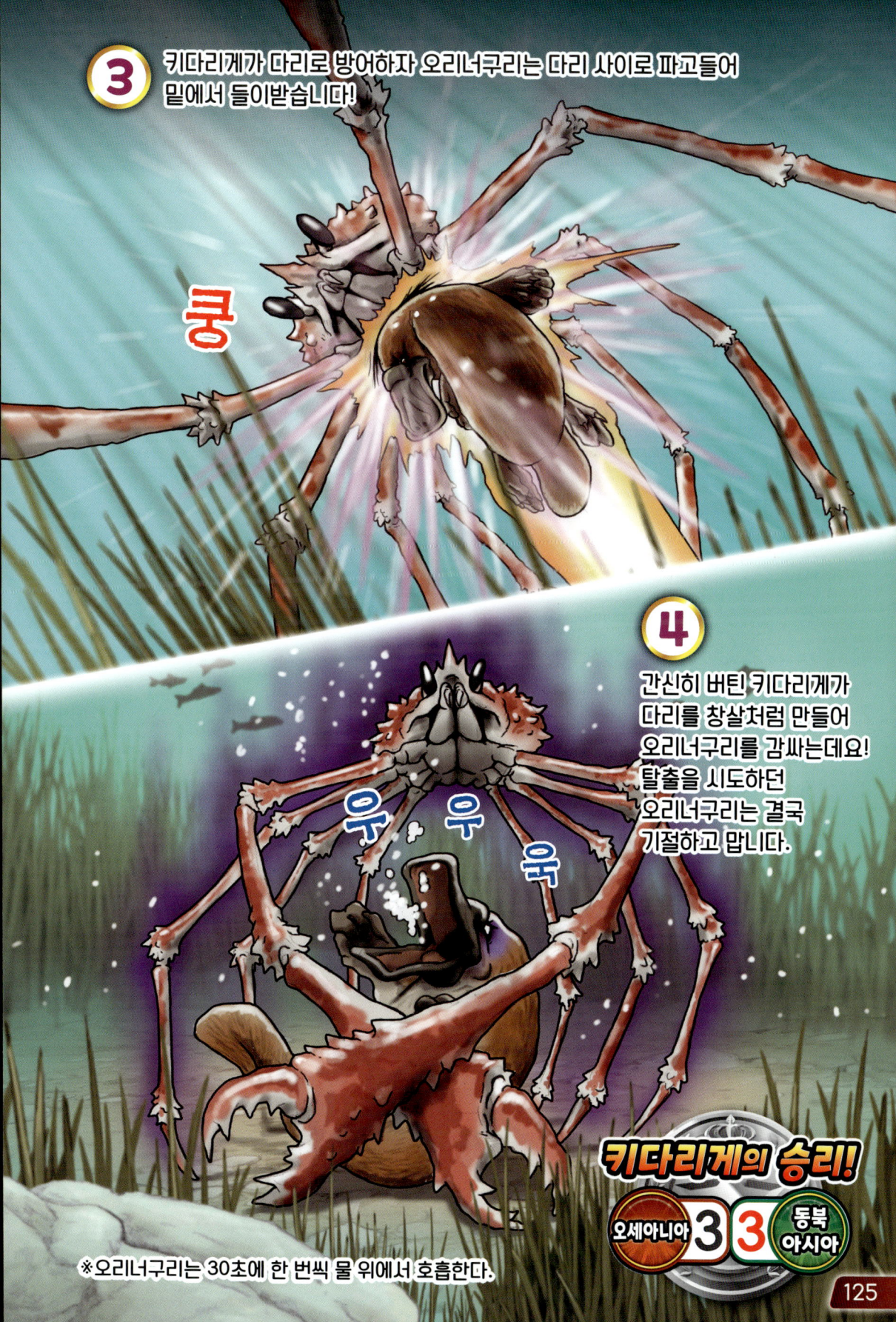

암흑 속 독특한 심해 생물!

심해 생물 1 우산처럼 생긴 흡혈오징어

몸길이는 대략 30cm로, 어두운 붉은색 몸통과 크고 파란 눈을 지녔다. 낚싯바늘처럼 날카로운 촉수가 달린 8개의 다리가 있으며 다리 사이는 얇은 피막으로 연결되어 있다. 생김새가 마치 박쥐의 날개처럼 생겼다고 해서 '박쥐문어'라 불리기도 한다. 눈이 매우 발달하여 심해의 암흑 속에서 희미한 빛도 감지할 수 있다. 위험한 상황에서는 다리를 전부 뒤집어 몸을 감싸고 포식자를 내쫓는 특이한 행동을 보인다.

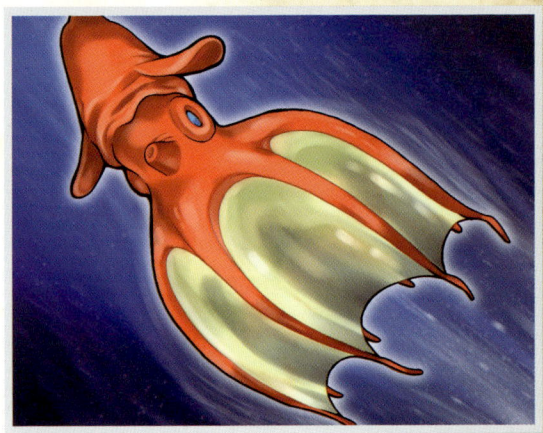
촉수 끝과 몸통에 여러 개의 발광 기관이 달려 있다.

심해 생물 2 톱니처럼 날카로운 이빨이 특징인 주름상어

턱이 단단하게 연결되어 있어서 백상아리처럼 씹을 수 없다.

주름상어는 생태가 아직 확실히 밝혀지지 않은 생물이다. 가장 오래된 상어인 클라도셀라케와 닮은 점이 많아 살아 있는 화석이라고 불린다. 몸길이는 2m에 이르며, 물고기를 통째로 삼킬 수 있는 커다란 입에는 뾰족하고 날카로운 이빨이 빼곡하여 오징어 등을 잡아먹는 데 사용한다. 상어의 아가미는 보통 5줄이지만, 조금 특이한 6줄의 주름진 모양의 아가미로 심해에서도 산소를 흡수할 수 있다.

빛이 도달하지 않는 컴컴한 바다 밑에서 사는 심해 생물의 생태는 수수께끼 투성이다. 악조건에서 생존하기 위한 독특한 생태를 알아본다.

심해 생물 3 끝도 없이 늘어나는 위장을 지닌 키아스모돈

큰 입과 신축성 좋은 위장으로 자신보다 몇 배나 큰 물고기를 통째로 삼킬 수 있다. 입 안에는 길고 날카로운 이빨이 빽빽하게 늘어서 있어 한번 입에 물면 놓지 않는다. 먹잇감이 적은 심해에서 생존하기 위해 늘어나는 위장을 갖추게 되었다고 한다. 하지만 너무 큰 물고기를 삼키면 몸속에서 소화하지 못해 부패하거나 위장이 찢어져 목숨을 잃기도 한다.

먹이가 적은 심해에서는 먹을 수 있을 때 먹어야 하므로 몸통에 다 들어가지 않는 양을 먹게 된 것이다.

심해 생물 4 날카로운 엄니가 특징인 바이퍼피시

수심 500~2,500m 부근에 서식하며 몸길이는 약 35cm까지 성장한다. 심해 생물 중에서도 매우 긴 특이한 이빨을 지녔는데, 이 이빨로 먹잇감을 잡아서 위아래로 크게 벌어지는 턱으로 입을 벌려 먹잇감을 삼킨다. 또한 머리보다 몸통 뒤쪽이 가느다란 것도 바이퍼피시의 특징 중 하나이며, 길게 늘어진 등지느러미로 작은 물고기를 유인한다.

기다란 이빨은 먹이를 씹는데 적합하지 않기 때문에 먹잇감을 통째로 삼키면 목에 걸리기도 한다.

암흑 속 독특한 심해 생물!

심해 생물 5 아무것도 먹지 않고 사는 바티노무스 기간테우스

수심 200~2,500m의 대서양과 인도양 부근에 서식하며 '바다 바퀴벌레', '큰 바다 딱정벌레'라고도 불린다. 몸길이 45cm, 몸무게 1.7kg에 달하는 개체가 있을 정도로 크게 자라기도 한다. 바티노무스 기간테우스는 잡식성으로, 물속에 사는 것은 무엇이든 먹어 치운다. 하지만 먹는 양은 의외로 적다. 헤엄칠 때는 배를 위로 향하고 다리를 빠르게 움직여 민첩하게 이동한다. 또한 몇 년 동안 아무것도 먹지 않고도 살아갈 수 있다. 약 5년간 먹지 않고 생존했다는 사실이 확인되기도 했다.

겹눈은 약 3,500개의 홑눈으로 이루어져 있으며, 시력은 약하다.

심해 생물 6 90개의 촉수를 가진 앵무조개

껍데기 안이 촘촘히 나뉘어 있고 출구 가까운 부분에 몸을 넣기 때문에 안쪽은 비어 있다.

약 5억 년 전부터 거의 변함 없는 모습으로 살아온 앵무조개는 수심 100~600m 부근에 서식한다. 수심 800m를 넘어가면 수압을 견디지 못하고 껍데기가 부서지고 만다. 가장 큰 특징인 입 주변에 달린 약 90개의 촉수는 암초에 달라붙거나 먹잇감을 잡아먹을 때 사용한다. 시력은 나쁘지만, 그만큼 후각이 발달해 냄새로 먹잇감을 감지한다. 오징어나 문어처럼 물을 내뿜는 추진력으로 움직인다. 수영 실력이 뛰어나지 않아 살아 있는 물고기를 사냥하지 못하고 죽은 물고기를 먹는다.

심해 생물 7 | 거미줄과 같은 강도의 점액을 내뿜는 먹장어

수심 300m 정도의 심해에 서식하는 먹장어는 특수한 여러 능력을 지녔다. 대표적인 것은 위험을 감지하면 몸에서 대량으로 방출되는 점액질이다. 적의 산소를 빼앗아 질식시킬 정도인데, 그 양은 1초에 약 960㎖이다. 또한 점액의 강도는 거미줄에 버금가는 강도로, 한번 달라붙으면 좀처럼 떨어지지 않는다. 또한 산소가 없는 환경에서도 심장을 움직일 수 있기 때문에 심해라는 혹독한 환경에서 살아갈 수 있다.

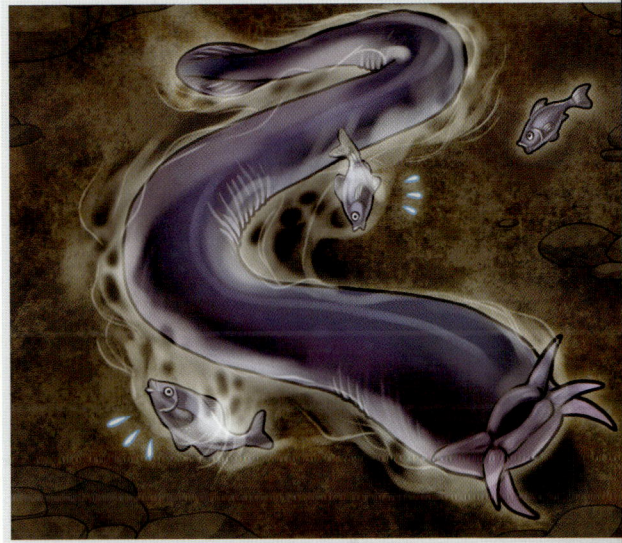

특수한 몸 구조로 자신의 절반 정도 굵기의 틈도 스르륵 빠져나갈 수 있다.

심해 생물 8 | 옛날이야기에서 이름을 따온 산갈치

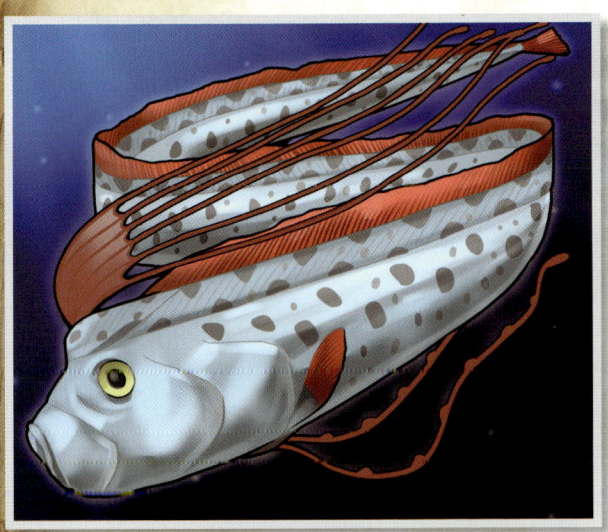

몸을 비스듬히 기울이고 상징적인 붉은 등지느러미를 펄럭이며 헤엄친다.

태평양과 인도양, 대서양 등 전 세계 바다에 서식하며 단독 생활을 한다. 일본에서는 지진을 알리기 위해 용궁에서 올라오는 옛날이야기 속 물고기를 연상시킨다고 하여 '용궁의 사신'이라는 이름이 붙었다. 몸길이는 평균 3~5m, 몸무게는 30~50kg이지만 먹이는 플랑크톤 등의 작은 생물이다. 먹이가 없어 기아 상태에 빠지면 스스로 자신의 꼬리 일부를 잘라 먹는다. 살아가는 데 필요한 장기가 몸통의 중앙보다 앞쪽에 집중되어 있어 가능한 행동이다.

결과 발표

결승 토너먼트 진출!

1  오세아니아 팀 — 승점 **19**

2 동북아시아 팀 — 승점 **13**

예선 탈락

3  아프리카 팀 — 승점 **13**

4  북유럽 팀 — 승점 **7**

최종 결과

	북유럽	오세아니아		동북아시아	아프리카		북유럽	아프리카
1	1	7	2	4	4	3	3	6

	오세아니아	동북아시아		북유럽	동북아시아		오세아니아	아프리카
4	6	3	5	3	6	6	6	3

관전 포인트

6승을 거둔 오세아니아 팀이 단독 1위로 결승 토너먼트에 진출했다. 남은 한 자리는 승점이 같은 동북아시아 팀과 아프리카 팀의 싸움이다. 규칙상 직접 대결의 승자가 우선이지만, 양쪽 모두 무승부로 배틀을 마쳐 추첨 끝에 동북아시아 팀이 결승 토너먼트 티켓을 거머쥐었다. 아프리카 팀은 한 발짝 뒤에서 눈물을 머금고 탈락했다. 북유럽 팀은 공격력이 뛰어난 귀상어가 승리하지 못한 것이 결정적인 패배의 원인이 되었다.

멸종 위기에 놓인 바다 생물!

멸종 위기 생물 1 장수거북

대서양과 태평양, 인도양의 열대 및 온대 해역에 서식한다. 지구상에서 가장 커다란 거북으로, 몸무게가 약 900kg까지 성장한다. 거북 중에서도 최고 수준인 수심 1,200m까지 들어가며 30분 이상 잠수할 수 있다. 또한 산란을 위해 편도 약 1만km의 장거리를 헤엄치기도 한다. 어업의 남획과 바다에 버려진 쓰레기, 기름, 배기가스, 생활 하수와 같은 환경 오염 때문에 매년 숫자가 감소해 멸종 위기에 놓였다.

장수거북의 알은 맛이 좋다고 알려져 채집하는 사람이 많다.

멸종 위기 생물 2 바다수달

몸길이는 60cm 전후이고 몸무게는 3~5kg 정도이다. 칠레 남부 연안과 암초 해안에 서식하며 물속에서 능숙하게 먹이를 잡아먹는다. 모피를 얻으려고 사냥하거나 바다수달의 주식인 어패류의 남획, 어업에 해를 끼친다는 이유로 퇴치되는 등 개체 수가 줄어 멸종 위기에 놓이고 말았다. 바다수달의 서식지인 칠레에서는 법으로 보호하고 있지만, 여전히 밀렵과 밀수가 벌어지고 있다.

머리를 수면으로 살짝 내밀고 주변의 상황을 살필 수 있도록 눈, 귀, 코가 수평선 위에 놓여 있다.

전 세계 바다 생물 중에는 환경 오염 등의 이유로 멸종 위기에 놓인 생물들이 있다. 어떤 상황 때문에 멸종 위기에 처해 있는지 알아본다.

멸종 위기 생물 3 북방물개

북방물개는 북태평양, 베링해, 오호츠크해, 동해 등 광범위하게 서식한다. 온몸이 가는 솜털로 뒤덮여 있어 양질의 모피를 얻으려는 목적으로 많은 수렵이 이루어져 멸종 위기에 놓였다. 1911년에 법률로 보호되어 한때 북방물개의 개체 수가 회복하기도 했다. 하지만 현재는 지구 온난화에 따른 기후 변화와 먹이의 감소로 다시 서식 개체가 줄어 멸종 가능성이 커졌다.

몇 주간 바닷속에서 지낼 수 있으며, 단독이나 작은 무리를 이뤄 행동한다.

멸종 위기 생물 4 참다랑어

온대 해역에 서식하며 같은 크기의 개체끼리 무리를 이루어 시속 80km의 빠른 속도로 이동한다. 정어리와 숭어, 고등어 등의 물고기를 잡아먹는다. 참다랑어가 멸종 위기에 놓인 이유는 산업화한 그물망 어업과 아직 성숙하지 않은 참다랑어를 남획했기 때문이다. 하지만 최근 법률로 어획량을 제한하고 불법 어업의 단속이 강화되어 참다랑어 개체 수가 늘어나고 있다. 이에 따라 멸종 위험도가 점차 낮아지고 있다.

속도는 범고래를 능가하지만, 멈추면 죽기 때문에 계속해서 이동해야 한다.

멸종 위기에 놓인 바다 생물!

멸종 위기 생물 5 해달

북아메리카 서해안에서 천도 열도 남부에 걸친 연안 해역에 서식하며 8억 가닥에 이르는 풍부한 털로 뒤덮여 있다. 손재주가 매우 뛰어나 조개를 돌로 깨는 습성이 있다. 조개와 함께 겨드랑이 밑 주름에 돌을 넣어 두었다가 식사할 때 꺼내서 사용한다. 남녀노소 모두에게 인기 많은 해달은 현재 모피를 목적으로 한 남획과 수질 오염의 영향으로 세계에서 1,000마리 정도까지 개체 수가 대폭 감소했다. 멸종 위기종으로 지정되어 보호 대상이 되었으며 미국이 중심이 되어 해달 보호 활동을 펼치고 있다.

먹이인 조개 등을 깨뜨릴 때 전용 돌을 사용하는데, 전용 돌을 하나 정하면 그 돌을 계속 사용한다.

멸종 위기 생물 6 듀공

고래의 일종으로, 몸통과 작은 머리를 지녔으며 인어의 모델이 된 포유류이다. 입 주변은 2mm의 굵은 털로 뒤덮여 있으며 이 털을 사용해 주식인 해조류를 모아 먹는다. 얕고 따뜻한 바다에 서식하며 일본에서는 주로 오키나와 동부 연안에서 소수의 서식이 확인되었다. 세계적으로 듀공의 수가 대폭 감소하고 있는데, 환경 악화와 선박과 충돌 등의 이유가 꼽힌다. 또한 기름과 생활 폐수로 수질이 오염되어 해조류가 감소하는 현상도 문제로 지적되고 있다.

듀공의 체형은 격렬한 파도에 휩쓸리지 않도록 몸을 안정시키기 위해 진화되었다고 한다.

멸종 위기 생물 7 녹미어

대형 담수어인 녹미어는 관상어로서의 가치가 매우 높다. 아래턱이 튀어나온 모습이 특징이며 입을 크게 벌려 주변 물과 함께 한 번에 먹이를 들이마신다. 녹미어는 1억 년 전부터 존재했으며 대륙 이동에 따라 세계 곳곳에서 서식한다. 양식장에서 매해 수십만 마리가 길러지고 있지만, 야생에서는 식용으로 잡히고 번식이 느려 개체 수가 줄어들고 있다. 수입할 때는 야생인지 아닌지 확인하는 제도가 도입되었다.

몸의 표면을 뒤덮고 있는 비늘이 매우 크며, 비늘의 색깔과 진하기에 따라 값어치가 올라간다.

멸종 위기 생물 8 실러캔스

해저 150~700m에 서식하는 심해어이다. 6,500년 전에 멸종됐다고 알려졌지만, 1938년에 남아프리카에서 발견되어 다시 주목받았다. 그 희귀성 때문에 '행운을 부르는 물고기'라는 뜻이 이름에 담겨 있다. 커다란 먹이를 잡아먹을 때 입을 크게 벌릴 수 있는 머리의 관절, 먹잇감을 감지하는 센서 역할을 하는 주둥이 기관이 머리뼈 안에 있다. 그리고 가슴지느러미와 배지느러미가 마치 다리처럼 보인다. 실러캔스는 총 개체 수가 정확히 알려지지 않아 멸종 위기에 처해 있는지 실제로 알 수 없다.

특기는 물구나무서기로, 수심 60~600m에 사는 물고기와 오징어 등을 거꾸로 서서 잡아먹는다.

결과 발표

결승 토너먼트 준결승

결승 진출!

우승자: 오세아니아 팀 vs 북극·남극 팀

오세아니아 팀		북극·남극 팀
패 황새치	VS	승 일각돌고래
승 흑범고래	VS	패 북극곰
승 코모도왕도마뱀 & 오리너구리	VS	패 바다코끼리 & 남부바위뛰기펭귄

우승자: 남아메리카 팀 vs 동북아시아 팀

남아메리카 팀		동북아시아 팀
승 나일악어	VS	패 범고래
패 피라냐	VS	승 키다리게
승 그린아나콘다 & 전기뱀장어	VS	패 베링 울프피시 & 동갈치

관전 포인트

첫 번째 시합에서는 예선을 거치며 전승을 거둔 흑범고래가 북극곰과 붙어 전승의 위력을 발휘해 승리를 거두었다. 두 번째 시합에서는 2승 동지인 나일악어와 범고래가 격돌했는데, 절박한 위기에서 반전을 보여 준 나일악어가 승리했다. 또한 최종 전투인 태그 매치에서는 바다코끼리와 남부바위뛰기펭귄의 잠복 작전과 그린아나콘다, 전기뱀장어의 합체 공격 등 팀의 연합 공격이 명장면을 만들었다.

결승전

남아메리카 팀

물속뿐만 아니라 물 위에서도 강력한 전기를 내뿜는다. 전기 공격으로 상대방을 움직이지 못하게 만드는 등 다양한 공격력을 지녔다. 약 800V의 강력한 전류로 상대를 공격한다.

전기뱀장어

싱글 1

강력한 엄니 공격이 특징인 두 생물의 연합 공격은 그 위력의 한계를 알 수 없다. 그린아나콘다의 공격에 피라냐가 어떻게 힘을 더할지가 승리의 열쇠가 될 것이다.

그린아나콘다   피라냐

태그 2

나일악어

이제까지 패배한 적 없는 나일악어가 대표로 나선다. 박력 넘치는 공격과 철통 방어를 자랑한다. 한순간의 기지로 승리의 실마리를 잡아 우승컵을 차지할 수 있을까?

팀 대표 3

결승전 2라운드는 태그 매치로, 3라운드는 팀 대표끼리의 결투!

오세아니아 팀

매치 라운드 S

오리너구리

날카로운 발톱과 노처럼 생긴 꼬리 공격 외에도 단번에 치명타를 입힐 수 있는 맹독성 발톱을 숨기고 있다. 승리를 결정지을 필살의 발차기를 어떻게 휘두를지가 중요하다.

매치 라운드 S

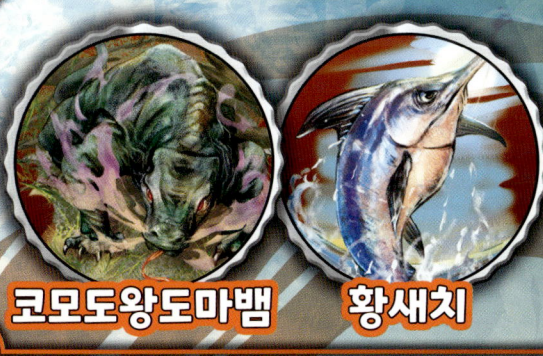

코모도왕도마뱀   황새치

놀라운 신체 능력의 소유자인 코모도왕도마뱀과 날카로운 뿔이 무기인 황새치의 강력한 공격이 기대된다. 어떤 연합 작전으로 공격할지가 이 싸움의 승패를 좌우할 것이다.

배틀 라운드 S

흑범고래

예선에서 전승을 거둔 흑범고래가 대표로 선발되었다. 민첩한 움직임으로 상대의 약점을 파고든다. 위력적인 엄니 공격과 꼬리지느러미 공격을 무기로 승리를 거둘 수 있을까?

최강왕 결정전

우승  팀

배틀 대전 결과

우승자  팀   패배자  팀

승 오리너구리	VS	전기뱀장어 패
패 코모도왕도마뱀&황새치	VS	그린아나콘다&피라냐 승
승 흑범고래	VS	나일악어 패

결승전의 관전 포인트

1, 2라운드에서는 이제까지 선보이지 않았던 오리너구리의 발광 기술과 그린아나콘다의 급류 공격이 승패의 열쇠가 되었다. 1승 1패로 양보 없이 맞붙은 최종전에서는 격렬한 공방전이 펼쳐졌다. 양쪽 모두 기력을 잃은 가운데 죽을힘을 다한 흑범고래의 한 방이 승부를 결정지었다.

흑범고래 최강왕 결정전 MVP

예선과 준결승, 결승전까지 단 한 번도 패하지 않고 올라왔다. 흑범고래의 강력한 엄니 공격을 당해 낼 생물은 존재하지 않았고, 흑범고래는 수중 생물계 최강이라고 해도 좋을 만한 배틀을 보여 주었다.

개별 성적

우승

오세아니아 팀	그룹 리그	결승 토너먼트
흑범고래	3승	2승
오리너구리	1패 1무	2승
황새치	1승 1패	2패
코모도왕도마뱀	2승	1승 1패

준결승

남아메리카 팀	그룹 리그	결승 토너먼트
나일악어	2승 1무	1승 1패
그린아나콘다	1승 1패	2승
피라냐	1승 1패	1승 1패
전기뱀장어	1패 1무	1승 1패

준결승 탈락

북극·남극 팀	그룹 리그	결승 토너먼트
북극곰	1승1패1무	1패
일각돌고래	1승 1패	1승
바다코끼리	2승	1패
남부바위뛰기펭귄	2패	1패

준결승 탈락

동북아시아 팀	그룹 리그	결승 토너먼트
범고래	2승 1패	1패
베링 울프피시	1패 1무	1패
키다리게	1승 1패	1승
동갈치	1승 1패	1패

1그룹 3위

인도양 팀	그룹 리그
대왕오징어	1승 2패
만타가오리	1패 1무
줄무늬바다뱀	1승 1패
초롱아귀	2승

1그룹 4위

북아메리카 팀	그룹 리그
백상아리	1승 2패
문어	1패 1무
비버	1승 1패
엘리게이터 가아	1승 1무

예선 리그에서 탈락한 팀은 시합 수가 적어 이 성적만으로 실력을 판단하기는 어렵다.

2그룹 3위

아프리카 팀	그룹 리그
하마	2승 1패
음벵가	1승 1패
쏠종개	1승 1무
향유고래	2패

2그룹 4위

북유럽 팀	그룹 리그
귀상어	3패
얼룩매가오리	1패 1무
악어거북	1승 1패
왕털갯지렁이	1승 1패

번외 경기
개별 최강왕

초특급 점프로 하늘을 누비다!

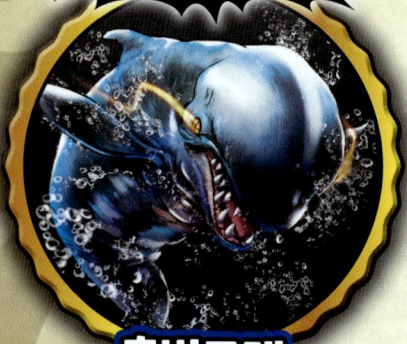

흑범고래

예선전에서 결승전까지 모두 승리하는 쾌거를 거두었다. 강력한 점프 공격이 특징이다. 2관왕 획득이 기대된다.

놀라운 신체 능력이 폭발하다!

코모도왕도마뱀

결승전에서 우승을 이긴 강력한 공격력과 뛰어난 신체 능력이 높은 평가를 받아 선발되었다. 특히 근접전에서는 당해 낼 생물이 없다.

우승한 오세아니아 팀끼리의 대결이다. 절대 맞붙을 리 없는 두 참가자가 격돌한다. 과연 팀 내 일인자는 누구일까?

개별 배틀의 규칙

무승부는 없다. 상대가 쓰러질 때까지 싸운다. 동료가 참가하는 것도 금지되며 1 대 1의 정면 승부를 펼쳐야 한다. 이 결투의 승자가 진정한 개별 최강 수중 생물의 자리에 오른다.

진정한 "최강 수중

결정전

결승전 우승팀, 결승전 MVP, 특별 추천으로 선발된 생물들이 격돌한다. 대결해 보지 않았거나 같은 팀원끼리의 대결 등 지금까지 보지 못한 시합이 펼쳐진다.

생태계 최강 공격력의 소유자

백상아리

결승 토너먼트에는 진출하지 못했지만, 본래의 능력을 발휘했을 때 어떤 활약을 펼칠지에 관한 기대감으로 특별 추천받았다.

한 방에 상대를 제압하는 싸움꾼

범고래

결승전 진출에는 실패했지만, 수중 생물을 위협하는 강력한 공격력을 인정받아 특별 추천으로 선발되었다.

널리 알려진 위험 생물끼리의 대결이다! 폭주 괴물인 백상아리에게 바다의 왕자인 범고래는 어떤 공격을 펼칠까?

생물"을 가린다!

진정한 개별 최강왕의 명예를 획득하라!

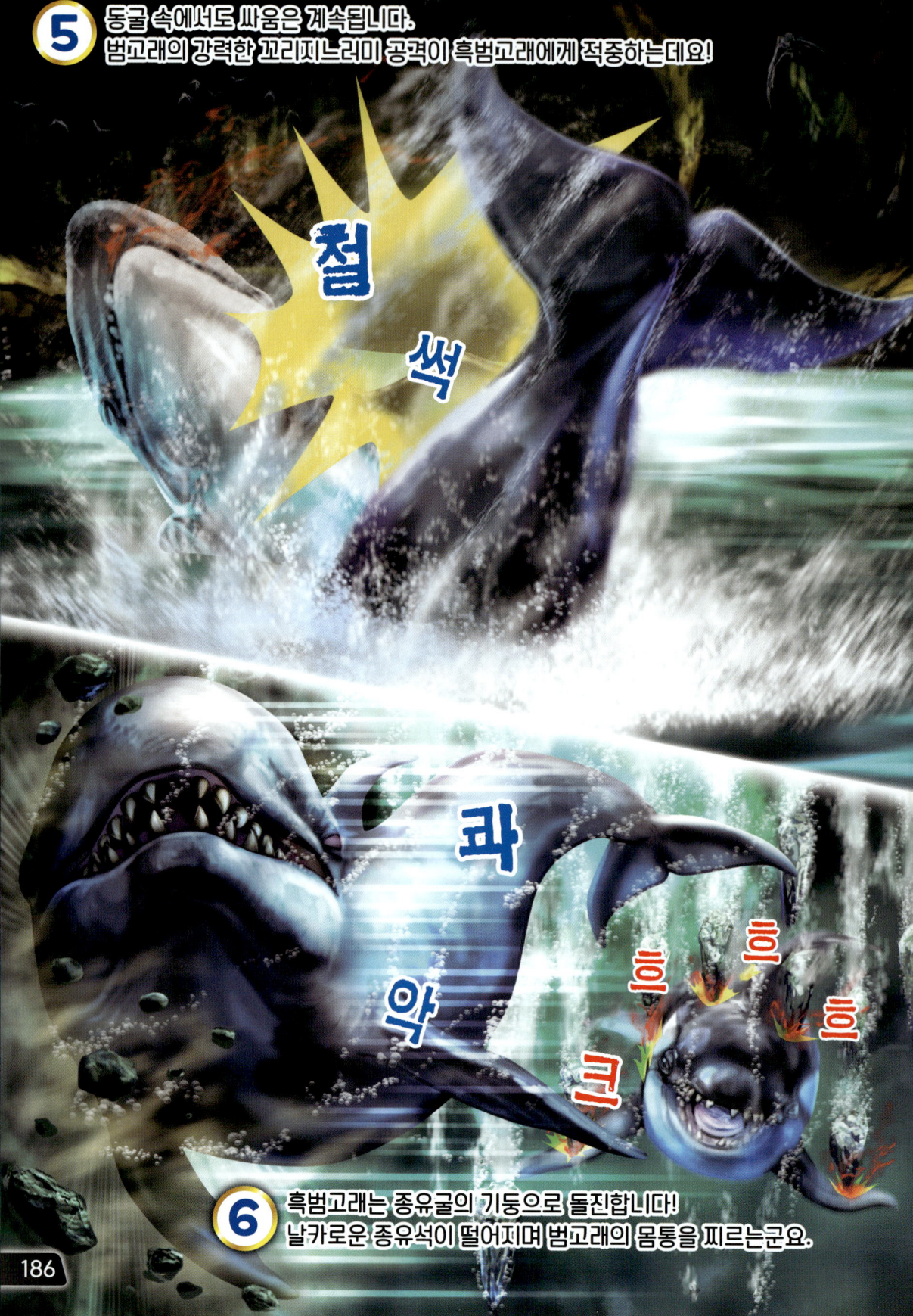

배틀에 참가하지 않은 개성 넘치는 바다 생물!

충격 생물 1 : 시속 80km의 펀치를 날리는 광대사마귀새우

파랑, 청록, 붉은색 등 화려한 외형을 지녔으며 인도양과 태평양의 산호초 근처 얕은 바다에 서식한다. 최대 무기는 펀치력으로, 생물계 최대 스피드인 시속 80km 정도라고 한다. 게 껍데기나 조개껍데기, 수조를 깨뜨릴 정도로 위력이 강력해서 펀치에 한 번 맞으면 무사할 수 없다고 한다. 또한 세계에서 시력이 가장 좋은 생물이라고 알려져 있으며 인간은 확인할 수 없는 자외선과 적외선까지 볼 수 있다.

시력은 인간의 약 10배로 10만 가지 정도의 색을 식별할 수 있다.

충격 생물 2 : 자유자재로 변신하는 위장의 달인 흉내문어

몸을 숨길 뿐 아니라 대비가 강한 화려한 색조로 몸 색깔을 바꿔 독성을 표현한다.

서태평양에서 인도양에 걸쳐 서식한다. 몸길이는 60cm 정도이며 움직임이 민첩하다. 적으로부터 몸을 보호하거나 먹잇감을 유인하기 위해 다양한 색깔과 형태로 변화하며 주변 환경과 비슷하게 흉내 내기도 한다. 흉내 내는 대상은 넙치와 쏠배감펭, 불가사리, 말미잘 등 40종류에 이른다. 상황에 따라 색깔과 형태를 자유롭게 변화해 적이 다가오지 못하게 한다. 배틀에서 이러한 능력은 상대방에게 상당한 위협이 될 것이다.

안타깝게도 수중 생물 최강왕 결정전에는 선출되지 않았지만,
독특한 개성을 지닌 수중 생물들의 특기를 소개한다.

충격 생물 3 초고온 플라스마 기포총을 쏘는 딱총새우

몸길이는 몇 cm에 불과하지만, 몸길이의 절반 만한 크기의 커다란 집게발을 지녔다. 딱총새우는 100만 분의 1초도 걸리지 않는 속도로 집게발을 닫는데, 이때 발생하는 충격파가 적을 순식간에 기절시킨다. 딱총새우가 집게발을 빠르게 닫으면 플라스마 섬광과 수천 도의 고온이 발생한다고 한다. 이렇게 무시무시한 무기를 사냥감에 사용하는 것 외에도 집게발 소리로 동료끼리 의사소통을 할 수도 있다.

수영이 서툴러 평소에는 거의 헤엄치지 않고 그늘이나 구멍에 숨어 생활한다.

충격 생물 4 물대포처럼 물을 쏘는 물총고기

일본에서는 오랫동안 서식하지 않았지만, 1980년 오키나와현의 이리오모테섬에서 서식이 확인되었다.

동남아시아에 서식하는 물고기로 작은 무리를 만들어 행동하며 작은 물고기나 갑각류를 잡아먹는 육식 생물이다. 특징은 혀로 물이 통과하는 길을 만들어 아가미로 물을 세게 흘려보내 물을 뿜어내는 물총 공격을 한다는 점이다. 또한 실제로 물을 발사할 때, 빛의 굴절을 계산해 각도를 조정하는 능력이 있어서 정확한 사격이 가능하다. 나뭇잎에 붙어 있는 벌레도 쉽게 떨어뜨려 잡아먹는다.

배틀에 참가하지 않은 개성 넘치는 바다 생물!

충격 생물 5 점프하여 나무에 오르는 말뚝망둑어

우리나라와 일본, 중국, 대만 등에 서식한다. 진흙 위를 돌아다니며 지느러미를 이용해 점프하여 나무와 낮은 나뭇가지에 오르내리는 특기를 지녔다. 아가미로 호흡하는 생물은 보통 신진대사를 통해 배출되는 암모니아를 물속으로 방출한다. 말뚝망둑어는 몸 밖으로 방출하지 못하면 뇌 등의 기능에 지장을 주는 암모니아를 체내에서 아미노산으로 바꿀 수 있다. 따라서 피부 호흡이 가능한 말뚝망둑어는 육지에서도 싸울 수 있다. 하지만 피부가 건조하면 호흡하지 못하는 것이 약점이다.

육지의 물가에서 주로 생활하며 몸의 표면이 마르지 않도록 점액으로 보호한다.

충격 생물 6 죽은 척 위장해서 상대를 방심하게 만드는 남양쥐돔

아프리카 동부 해안과 태평양 등 열대 바다의 산호초에 서식하며 산호초에 붙어 있는 해조류를 먹는다. 남양쥐돔의 지느러미는 수많은 독 가시로 뒤덮여 있다. 특히 꼬리지느러미에 붙어 있는 독 가시는 매우 날카로워서 적으로부터 몸을 보호할 때 사용한다. 또한 긴박한 위기의 순간에는 죽은 척 위장해서 그 상황을 벗어나는 것이 특징이다. 죽은 척하며 상대를 방심하게 만들어 적의 빈틈을 노리는 공격은 배틀에서 매우 효과적인 전술이다.

파랑, 검정, 노랑의 세 가지 독특한 몸 색깔을 지녔다. 아름다운 모습 때문에 관상어로 인기가 많다.

충격 생물 7 심장이 재생하는 불사신 아홀로틀

'우파루파'라고도 불리는 아홀로틀의 특수 능력은 뛰어난 재생 능력이다. 손과 발을 잃어도 상처가 가벼우면 7일, 재생이 어려워 보이는 상처라도 40일 정도면 재생이 가능하다. 손발뿐 아니라, 심장이나 척수 등 목숨을 유지하는 데 중요한 신체 부위도 재생할 수 있어서 불사신이나 다름없다. 육상에서도 생활이 가능하기 때문에 어떤 환경에든 다른 생물과 싸울 수 있다. 야생 개체는 불과 100마리 정도만 생존하는 것으로 알려져 멸종 위기종으로 지정되었다.

잘 알려진 분홍색 개체는 품종 개량으로 만들어진 것으로, 야생 개체는 본래 어두운 색이다.

충격 생물 8 강력한 집게발을 가진 태즈메이니아 자이언트 크랩

한쪽 집게발이 커지는 것은 수컷만 가능하며 적과의 싸움 등에 사용한다. 작은 집게발은 식사할 때 사용한다.

오스트레일리아 남서부와 태즈메이니아섬 주변 바다의 수심 30~500m 부근에 서식한다. 조개와 불가사리, 갑각류 등을 먹이로 잡아먹는다. 무엇보다 집게발의 힘이 강력해 300~340kg 정도를 잡을 수 있다고 한다. 게다가 강력한 절단 능력을 갖추고 있어서 집게발에 물리면 무사히 빠져나오기 어렵다. 위험을 느끼면 스스로 집게발을 부러뜨려 미끼로 내놓고 달아나기도 하는데, 탈피하면서 집게발을 재생할 수 있다. 또한 탈피를 반복하며 집게발은 다시 원래 크기만큼 커진다.

초위험 수중 생물 최강왕 결정전은 아직 끝나지 않았다!

챔피언컵 우승

오세아니아 팀

팀원
- 흑범고래
- 오리너구리
- 코모도왕도마뱀
- 황새치

챔피언컵 MVP

흑범고래

최강 수중 생물 — 흑범고래

챔피언컵의 결승전까지 전승을 거둔 흑범고래는 수중 생물계 최강으로 불리는 범고래를 물리치며 우승을 거머쥐었다. 승리의 비결은 중요한 순간에서의 상황 판단력과 강력한 공격력 덕분이다. 위력적인 꼬리지느러미 공격과 물어뜯기, 스피드 공격으로 빛나는 정상에 올랐다.

최강왕 결정전은 어땠나?

체격과 특징이 모두 다른 수중 생물이 한 팀이 되어 싸운 챔피언컵 배틀에서는 각자의 실력은 물론이고 배틀 상대와의 조합, 팀 동료와의 협력이 승패를 갈랐다. 서로 마주칠 리 없는 생물 간의 싸움은 매우 신선했으며, 어느 쪽이 이길지 모르는 손에 땀을 쥐게 하는 전투의 연속이었다. 같은 팀 구성원끼리는 거의 싸우지 않아, 만약 팀원을 바꿔 다시 챔피언컵이 열린다면 결과는 완전히 달라질 것이다.

더 보고 싶은 수중 생물을 골라 보자.

남부바위뛰기펭귄
준결승까지 진출했지만, 예선을 통틀어 단 한 번도 승리하지 못했다. 하지만 생물 중에서도 손꼽히는 맹렬함을 지녔다.

문어
예선 리그에서는 아쉽게 승리를 거두지 못했지만, 악어를 전투 불능 상태까지 몰아넣은 싸움에서 큰 가능성을 보여줬다.

귀상어
예선 리그에서는 0승 3패라는 유감스러운 결과로 끝나 버렸지만, 망치 머리의 강력한 공격은 매우 위협적이다.

향유고래
예선 리그에서는 이기지 못했지만, 초강력 음파 공격과 거대한 몸집에서 뿜어져 나오는 몸통 공격은 그 어떤 생물도 당해 낼 수 없을 것이다.

다양한 개성을 지닌 생물
동갈치처럼 빛을 보면 이성을 잃고 빛을 향해 돌진하거나 피라냐처럼 피 냄새와 수면을 두드리는 소리를 들으면 난폭하게 변하는 등 저마다 특색이 있다. 치열한 약육강식의 세계에서 생물마다 각자 생존 방법이 있는 것도 매우 흥미롭다. 생물은 나날이 성장하며 환경에 적응해 나가고 있다. 또한 대왕오징어처럼 생태가 밝혀지지 않은 생물도 많기에 수중 생물의 무한한 가능성이 기대된다.